MICHAEL MICHALSKY

LASS UNS ÜBER STYLE REDEN

EDEL

AUF DIE TOLERANZ!

PROLOG

Mal ehrlich, wann haben Sie zuletzt über Ihren Style nachgedacht? Die einen sagen jetzt vielleicht: »Heute Morgen vorm Kleiderschrank!« Die anderen antworten: »Noch nie, Mode ist mir völlig egal!« Mich beschäftigt Style jeden Tag, ich beschäftige mich den Großteil meines Lebens mit Style in all seinen Facetten. Und damit wir Missverständnisse gleich zu Beginn ausräumen: Mir geht es beim Thema Style um so viel mehr als »nur« um Fashion. Für mich geht es um Persönlichkeit, um die Einstellung, die wir gegenüber uns selbst, unserem direkten Umfeld und dem Weltgeschehen vertreten. Um Haltung, Habitus und Kommunikation. Style zeigt sich darin, wie wir aktuell leben und wie wir zukünftig leben wollen.

Zugegeben, Style ist für die meisten Menschen ein schwer greifbares Phänomen. Ein großes Wort, schnell verwendet, aber selten klar formuliert oder verstanden. Erschwerend kommt hinzu, dass viele den von mir bevorzugten Anglizismus nur für das äußere Erscheinungsbild verwenden, also die Kombination aus Kleidung, Frisur und Accessoires. Sie reduzieren ihn damit auf etwas, das man theoretisch für Geld kaufen kann. Dem möchte ich direkt und vehement widersprechen. Für mich bedeutet der englische Begriff Style das gleiche wie das deutsche Wort Stil, und wir sollten ihn meiner Meinung nach auch in genau diesem Sinne benutzen. Jeder kennt das – es begegnet einem jemand, den man spontan als »stylish« empfindet oder denkt »Der ist cool«.* Dieses Bauchgefühl, das blitzschnelle Einordnen einer Handlung, Lebensweise oder auch nur der Äußerung eines anderen, bezieht sich ja auch nie ausschließlich auf dessen Look.

Was aber ist Stil dann überhaupt? Ursprünglich stammt der Begriff aus der bildenden Kunst. Wir kennen Malstile, Schreibstile oder auch Musikstile. Heute steht Stil oder Style im Alltag aber vor allem für unsere Ausdrucksform. Dafür, wie wir uns geben, kleiden und von anderen wahrgenommen werden. Häufig wird er mit gutem Geschmack verwechselt, doch der ist eine sehr subjektive Angelegenheit. Geprägt von Kultur und Gesellschaft wird er überall auf der Welt und in den Epochen unterschiedlich interpretiert. Einen allgemein verbindlichen Schönheits- oder Geschmacksbegriff gibt es nicht. Wir wissen heute aber, dass äußere Einflüsse und die Entwicklung unserer Persönlichkeit unseren Sinn für Ästhetik verschieben und neu fokussieren können. Überlegen Sie sich einmal, wie Sie vor zwanzig Jahren ausgesehen haben, wie Sie sich gekleidet und gegeben haben – mit etwas Abstand blicken wir Jahre später kopfschüttelnd auf unseren eigenen Style zurück. Erinnern wir uns gemeinsam daran, wie wir vor zehn Jahren die Mode der Neunziger gesehen haben: bauchfreie Tops,

---

* Ich werde in diesem Buch immer mal wieder auf eine exemplarische Person verweisen und diese – der Einfachheit halber – männlich darstellen. Gemeint sind damit jedoch Menschen jeden Geschlechts, wie fließend das auch immer sein mag.

High-Waist-Jeans, Plateauschuhe, Ballonmützen. Noch mal zehn Jahre später kommen genau diese Klamotten wieder in Mode. Und plötzlich finden wir die neuen Kollektionen gar nicht so übel, wenn auch nicht mehr jeder von uns bauchfreie Tops tragen sollte – ich eingeschlossen. Unser Geschmack hängt von unserer persönlichen Entwicklung, der Gesellschaft und der Modeindustrie ab, und er befindet sich ständig im Wandel. Am Ende folgt aus gutem Geschmack aber ohnehin noch lange kein Stil, er bildet nur einen seiner Bestandteile.

Style hängt also nur bedingt mit Äußerlichkeiten zusammen. Er ist vielmehr die Summe vieler Einzelteile und zeigt sich unter anderem daran, wie wir zu uns selbst stehen, wie wir mit anderen Menschen kommunizieren und interagieren und welchen Blick wir auf die Welt haben. Üben wir beispielsweise einen Beruf aus, der zu uns passt und der uns glücklich macht? Ich für meinen Teil kann diese Frage mit einem lauten und deutlichen »Ja« beantworten. Schon als Teenager wollte ich Modedesigner werden, und bis heute ist mein Job meine Berufung. Er macht mich aus, und es gibt nichts, was ich lieber täte. Hinsichtlich meiner Wohnsituation dagegen befinde ich mich ständig in der Erneuerung, mein Geschmack verändert sich. Ein Möbelstück, das mir heute noch gefällt, langweilt mich womöglich schon morgen. Stelle ich das fest, tausche ich es aus oder ziehe gleich um. Es ist nun mal eine Grundvoraussetzung für Stil, dass wir uns selbst, unser Leben und die Dinge, mit denen wir uns umgeben, immer wieder hinterfragen und bereit sind, zu ändern, was uns nicht gefällt. Wie selbstbestimmt leben Sie in diesem Moment? Verbiegen Sie sich im Beruf oder im Privaten, um es anderen recht zu machen? Wie gehen Sie mit Niederlagen um? Können Sie nach einem Misserfolg auch schon mal über sich selbst lachen? All diese Fragen sollen zeigen, dass Stil vor allem aus Ihnen selbst heraus entsteht. Allerdings wird er – wie wir selbst – ein Stück weit auch immer vom Zeitgeist beeinflusst, und so wandelt er sich mit den Generationen. Die Gesellschaft befindet sich ständig im Umbruch. Das verändert uns und damit auch unsere Werte.

Ich möchte in diesem Buch den Bogen von unserer Haltung und Meinung bis zur Mode spannen und Style gemeinsam mit Ihnen so betrachten, wie er in meinem Leben stattfindet. Ich bin sicher, dass diese Auffassung für die allermeisten Menschen auch ein Leitfaden sein kann, der den eigenen Style stärkt. Wir sehen uns an, wie wir füreinander einstehen, miteinander kommunizieren und wie wir lieben. Diese ganz persönlichen und teils auch intimen Aspekte unserer Lebenswelten machen schon den Großteil unseres Styles aus. Weiter geht es dann mit Musik, Medien, Kunst und Kultur, bis wir in unseren Wohnungen, Häusern und Kleiderschränken landen.

Meinen eigenen Style entwickle ich immer weiter, in allen der genannten Bereiche. Ich beobachte meine Mitmenschen geduldig und aufmerksam und ziehe daraus Inspiration für meine Arbeit und mein Leben. Meist laufe ich schlicht mit offenen Augen durch die Straßen und schaue mir meine Umgebung genau an, damit mir kein Detail entgeht. Auf Veranstaltungen richte ich meinen Blick immer auch auf das, was um mich herum passiert. Ich nehme die Menschen, die Einrichtung, die Räumlichkeiten mit all meinen Sinnen wahr. Eine offene und neugierige Haltung gegenüber meiner Umwelt ist für mich unverzichtbar, denn sie bildet eine der wichtigsten Voraussetzungen für mein Leben als Designer. Wenn nicht sogar die wichtigste. Mein Ziel ist es, soziokulturelle Strömungen zu erkennen und sie in meinen Kollektionen aufzugreifen. Die Fashion Shows meines Labels beziehen sich auf aktuelle gesellschaftliche Themen und Entwicklungen. Als Designer, der nicht nur Mode, sondern noch viele andere Dinge gestaltet, betrachte ich mich als Seismograph unserer Gesellschaft und unserer Art zu leben.

Mir fällt immer wieder auf, welch eine Auswahl uns stets geboten wird, als Konsument, als Arbeitnehmer, beim Ausgehen, sogar in Liebesbeziehungen. Oft führt das dazu, dass wir Angst haben, uns womöglich falsch zu entscheiden. Wenn wir jedoch genau wissen, wer wir sind und was wir wollen, also eine echte Haltung und einen eigenen Style haben, lässt sich dieser irrationale Perfektionismus leichter ausschalten. Beinahe jährlich besuche ich das legendäre Kunst- und Musikfestival Burning Man in der Wüste Nevadas. Abgesehen davon, dass es ein Hort des Styles und der Inspiration ist, habe ich dort mal einen guten Spruch dazu gelesen. Eine Frau, gekleidet in einen wilden Mix aus Steampunk, Techno und einem Hauch von Nichts, trug ein Schild mit der Aufschrift: »Don't fear perfectionism. You'll never reach it!« Das trifft es doch sehr gut, denn es unterstreicht einen weiteren wichtigen Aspekt von Style: Gelassenheit. Wer seinen eigenen Style gefunden hat, lebt von Grund auf gelassener – zufrieden mit sich selbst, entspannt mit seinem Umfeld. Und das hat unglaublich viel Stil.

Das Ding ist: Stilvoll zu leben, sich stilvoll auszudrücken, zu handeln und zu kommunizieren, das alles sollten Sie nicht für andere tun. Tun Sie es für sich selbst! Stil kann dabei helfen, besser, leichter, schöner und mit mehr Spaß und Freude durchs Leben zu kommen. Und ist es nicht das, was wir alle wollen?

Also, lasst uns über Style reden!

STYLE IN HALTUNG
UND PERSÖNLICHKEIT

M ode ist vergänglich, Stil niemals.«In diesem Zitat von Coco Chanel steckt heute noch genauso viel Wahres wie zu Lebzeiten der Modedesignerin, und daran wird sich auch in Zukunft nichts ändern. Stil ist nämlich nicht nur eine Frage der äußeren Form, die wir unserem Leben geben. Bei Style geht es vor allem darum, dass wir ein Leben voller Respekt, Offenheit, Toleranz, Würde und mit einer echten Haltung führen. Es kommt darauf an, wie wir uns durch den Alltag bewegen, und nicht nur, wie wir dabei aussehen. Style hat neben der ästhetischen Komponente vor allem auch eine ethisch-moralische Seite. Unser Persönlichkeitsstil treibt uns voran und organisiert uns. Er fasst unsere Eigenschaften, Gefühle, Gedanken und Einstellungen zusammen und macht uns zu der Person, die wir sind. Geformt wird er zum einen durch unsere Gene, vor allem aber durch unser Umfeld und die Lebenserfahrung, die wir Tag für Tag ansammeln. Durch die Familie, vor allem die Eltern, durch Lebensereignisse, Musik, Kunst, Kultur und so vieles mehr. Unsere Identität ist so etwas wie unsere mentale Heimat, allerdings macht es uns die wachsende Anzahl der vielen

Optionen nicht einfacher, diese Heimat und damit unseren Stil zu festigen. Ständig laufen wir Gefahr, unsere Prinzipien zu verraten, wenn besondere Situationen oder andere Menschen es von uns verlangen. Manchmal scheint es so viel leichter, sich den Meinungen anderer anzuschließen, statt den eigenen Standpunkt zu vertreten. Für ein stilvolles Leben ist es jedoch wichtig, genau das nicht zu tun und die Vorteile einer echten Haltung zu erkennen.

Wie leben wir, und wie sollten wir anderen begegnen, um am Ende von uns selbst sagen zu können, dass wir ein stilvolles Leben geführt haben? Haben wir Style, respektieren wir andere Menschen und ihre Meinungen, treten aber trotzdem für unsere eigenen Ideen und Ideale ein. Dann bewegen wir uns innerhalb eines Rahmens, den wir unserem Leben selbst gesetzt haben. Der oft einfach dahingesagte Satz »Stil hat man oder man hat ihn nicht« ist nicht richtig, denn jeder von uns kann ein Leben lang an sich arbeiten, um seinen eigenen Style zu entdecken, weiterzuentwickeln und zu manifestieren. Nur so können wir ein selbstbestimmtes Leben führen und sind zu einem stilvollen Miteinander fähig.

Willkommen im Team Vielfalt

Ich schaue grundsätzlich hinter die Fassade eines Menschen, um seine Persönlichkeit und seinen Style zu entdecken. Auf diese Weise habe ich schon immer die Casts meiner Fashion Shows zusammengestellt, und so halte ich es auch mit meinen Teams bei *Germany's Next Topmodel*. Jedes Model, das ich auswähle, ist auf seine Weise einzigartig. Mir ist es egal, welche Hautfarbe sie haben, wie alt sie sind, und auch ihr Geschlecht spielt für mich keine Rolle. Tatsächlich schlägt mein Designerherz für Transgender. In meinen Augen sind sie wahre Superhelden. Aus eigener Erfahrung weiß ich nur zu gut, wie es sich anfühlt, sexuell orientierungslos zu sein. Als ich noch ein Teenager war und in der norddeutschen Kleinstadt Bad Oldesloe aufwuchs, sehnte ich mich nach schwulen Vorbildern. Gefunden habe ich sie außerhalb der Grenzen des Ortes, in all den internationalen Magazinen, die ich mir damals organisierte. Eines dieser Vorbilder war Boy George, aber es waren auch Transsexuelle wie Romy Haag und Amanda Lear darunter. Damals war das für mich alles sehr verwirrend. Wie aber muss es sich erst für jemanden anfühlen, der im falschen Körper geboren wurde und lange keine Ahnung hat, warum sich sein Dasein nicht richtig anfühlt? Diese Menschen müssen so viel mehr Schritte unternehmen als jeder von uns, um sich zu finden und glücklich zu werden. Und es sind auch sehr viel mehr Schritte, als ich als Schwuler gehen musste. Es kann je nach Herkunft und Erziehung ein halbes Leben dauern, bis ein Transgender endlich der Mensch sein kann, als der er sich von Geburt an fühlt. Davor habe ich allergrößten Respekt, und ich freue mich, dass sowohl in meinem privaten wie auch in meinem beruflichen Umfeld Transgender in meinem Umfeld sind und ich ihnen im Job die gleichen Chancen geben kann wie allen anderen. Ich finde es wichtig, ihnen eine Plattform zu bieten, denn nur so können sie Vorbilder für andere sein, die sich genauso fühlen und noch auf der Suche nach der Lösung ihres emotionalen Konflikts sind. Andrej Pejic ist ein solches Vorbild. Deshalb habe ich ihn für meine Fashion Show gebucht, die *StyleNite*. Diese *StyleNite*, zur Spring/Summer 2012-Kollektion, stand unter dem Motto »Tolerance«. Andrej hat eine unglaubliche Ausstrahlung und repräsentierte genau das, was ich mit meiner Kollektion ausdrücken wollte. Er steht seit Beginn seiner Karriere Mode für beide Geschlechter, lief für Gaultier sogar im Brautkleid über den Laufsteg und wurde von den Lesern eines Männermagazins unter die einhundert schönsten Frauen gewählt. Seit seiner Geschlechtsumwandlung 2014 ist er nämlich genau das und nennt sich inzwischen Andreja. Meine ehemalige *GNTM*-Kandidatin Giuliana Farfalla hat es als Transgender sogar aufs Cover des deutschen *Playboy* geschafft. Sie kam mit männlichen Geschlechtsteilen zur Welt und hieß damals Pascal. Schon als Kleinkind wusste sie, dass sie sich anders fühlte, denn sie wäre immer lieber ein Mädchen gewesen. Giuliana war gerade mal sechzehn, als sie ihr Geschlecht operativ angleichen ließ. Heute hat sie ihr Ziel erreicht, nicht als Transgender, sondern als Frau wahrgenommen zu werden. Das finde ich großartig und bewundernswert. Mehr Selbstbestimmung und Style geht nicht.

Ich halte nichts von Dogmen und Stereotypen. Man muss nicht dem klassischen Schönheitsideal entsprechen, um Style zu haben. Für mich soll ein Model Wandelbarkeit, Einzigartigkeit, Individualität und einen Wiedererkennungswert besitzen. Und ich finde es wichtig, dass der Mensch eine Haltung vertritt, etwas darstellt und sich selbstbewusst präsentiert. Erst dann besitzt er die richtige Ausstrahlung, um es im Leben zu etwas zu bringen und das zu erreichen, was er sich vorgenommen hat. Eine klassische Schönheit hat nicht automatisch das Zeug zur Stilikone. Aber jeder Mensch, der mit sich selbst im Reinen ist und über Selbstvertrauen verfügt, kann eine solche werden. Darüber entscheidet die Haltung, die wir zu uns selbst entwickeln. Wenn wir selbstbewusst genug sind und unseren Makeln keine Beachtung schenken, sie akzeptieren und mit ihnen leben, dann fallen sie anderen auch nicht als störend oder unstylish auf. Äußere

Attribute – ob dick, dünn, alt, jung, groß, klein, rothaarig, blond oder mit Glatze – sind für die Entwicklung von Style weder Voraussetzung noch Hindernis. Auch in der Modewelt gibt es heute Platz für die unterschiedlichsten Typen von Menschen, unabhängig von Hautfarbe, Geschlecht oder Alter.

Womöglich habe ich eine etwas andere Definition von Schönheit als viele meiner Kollegen. Für meine Shows suche ich immer nach interessanten Persönlichkeiten, um sie über den Laufsteg zu schicken. 2010 war ein junger Mann mit Beinprothese namens Mario Galla Model bei meiner *StyleNite*. Marios Ausstrahlung und sein Selbstbewusstsein haben mich dazu veranlasst, ihn zu engagieren – nicht trotz und auch nicht wegen seiner Prothese.

Wenn ich ein Casting für die nächste Show mache, habe ich eine Idee davon im Kopf, wie ich meine Kollektion präsentieren möchte. Es kommen unzählige Models zu den Castings, und jedes einzelne davon ist schön, doch ich suche das gewisse Etwas. Ich hoffe, dass jemand reinkommt, der mich berührt, der meinen Entwürfen Leben einhaucht und etwas transportieren kann. Schließlich läuft dieser Mensch den Laufsteg für gerade mal dreißig Sekunden auf und ab. Und dann merken alle Zuschauer, ob er es hat. Denn es gibt diesen eklatanten Unterschied zwischen charismatischen Models, die den Raum mit ihrer Persönlichkeit und ihrem Style füllen, und einfach nur gut aussehenden Menschen. Das ist das gewisse Etwas, die Ausstrahlung. Mario Galla hat sie. Er kam zu einem meiner letzten Castings. Ich lasse immer drei Models zur selben Zeit laufen, um sie miteinander vergleichen zu können. Marios Gesicht erinnerte mich sofort an eine Figur aus einem *James-Bond*-Film, das faszinierte mich. Er lief also mit zwei anderen Models ein wenig auf und ab, und mir fiel auf, dass irgendetwas an ihm anders war. Es dauerte ein paar Sekunden, bis ich realisierte, dass er kaum merklich hinkte. Mario war so viel interessanter als die zwei anderen, dass ich mich direkt für ihn entschied. Ich wollte sofort wissen, was seinen Gang beeinflusste. Er war sehr offen und erzählte mir, er wolle gerne modeln, sei allerdings mit einem verkürzten Bein zur Welt gekommen. »So bin ich halt«, beendete er seinen Satz und sah mich selbstbewusst an. Das hat mich beeindruckt. Dass er am Ende eine kurze Hose auf dem Laufsteg trug, war nicht als Provokation gedacht, es hatte sich so ergeben. Bei einer Kollektion habe ich ganz viele Looks, für die ich die passenden Models suche. Nun war bei den Männern nur noch dieser eine Look mit kurzer Hose übrig. Also habe ich zu Mario gesagt: »Ich habe den Look mit den Shorts. Ich weiß aber nicht, ob du dich darin wohlfühlst. Allerdings bin ich extrem daran interessiert, dass du für mich läufst. Also biete ich dir an, bei den Looks und ihrer Zuordnung noch mal etwas umzustellen, sodass du einen Anzug mit langer Hose tragen kannst, wenn dir das lieber ist.« Mario entschied sich aber sofort und ohne zu zögern für die kurze Hose. Die Prothese sei ein Teil von ihm, er habe damit kein Problem, sagte er. Trotzdem dachte ich abends noch eine Weile darüber nach, ob das geht, ob ich das machen kann. Ich kam allerdings zu dem Schluss, dass ich das sogar machen musste. Mario war der Beste für diesen Job, und auch für diesen Look, und dass er mit einem verkürzten Bein zur Welt gekommen ist, änderte daran überhaupt nichts. In einem Interview sagte er mal: »Michalsky war couragiert genug zu zeigen, dass ich ein Handicap habe und dass es vollkommen okay ist. Er hat mir eine Plattform geboten, und das finde ich extrem cool.« Und ich finde es extrem cool, dass Mario die Show so selbstbewusst und mit so viel Stil gemeistert hat. Guter Stil erfordert nämlich nicht nur Respekt vor anderen, sondern vor allem Respekt gegenüber sich selbst und Achtung vor der eigenen Würde. Durch unseren Style erschaffen wir uns selbst. Wie wir uns nach außen darstellen, zeigt immer auch unser Innerstes.

Selbst ist das Ich!

Durch das, was wir tun und wie wir handeln, entwerfen wir uns selbst. Jean-Paul Sartre hat es so gesagt: »Der Mensch ist nichts anderes, als wozu er sich macht.« Jede Entscheidung, die wir in unserem Leben treffen, wirkt sich auf unsere Zukunft aus. Unser Leben gestalten wir selbst, sofern wir über ausreichend Selbstbewusstsein verfügen und uns nicht ständig von anderen Menschen reinreden lassen. Es ist in unserer schnelllebigen Zeit allerdings gar nicht so einfach, diese Eigenständigkeit nicht zu verlieren. Ehe wir uns versehen, schwimmen wir mit dem Strom und lassen uns bei allen Entscheidungen von der Masse und dem Zeitgeist leiten. Style hat das nicht. Auch lässt sich auf diese Weise die ewige Frage nach dem Sinn des Lebens für uns selbst niemals klären. Wer aber sein Leben selbstbewusst und selbstbestimmt gestaltet, kennt sein Ziel und damit das, was ihm – ganz subjektiv gesehen – Sinn stiftet. Es geht darum, die Dinge selbst in die Hand zu nehmen, sich etwas zu trauen, sich auszuprobieren, neugierig zu sein und nicht einfach alles nur passieren zu lassen.

Das erste Mal habe ich die Dinge selbstständig Ende der Achtziger in die Hand genommen. Ich war gerade mit dem Abitur fertig und hatte bereits einen Ausbildungsplatz bei einem Kürschner in der Tasche. Damals glaubte ich noch, ich könnte auf dem Umweg des Kürschnerhandwerks, also der Weiterverarbeitung von Pelzen zu Bekleidung, in die Modebranche gelangen.

Ehe es mit dem Ernst des Lebens also so richtig losgehen sollte, flog ich noch mal für zwei Wochen nach London, um mich vom Abiturstress zu erholen. Der Lifestyle in den Achtzigerjahren in dieser Stadt war mit dem in der norddeutschen Provinz nicht zu vergleichen. Für jemanden wie mich, mit einem so großen Interesse an Mode, war London der *place to be*. An einem der ersten Abende stand ich in der Schlange vorm Café de Paris, einem super angesagten Club im Londoner West End. Während ich dort – zunächst allein – auf Einlass wartete, kam ich mit zwei jungen Frauen ins Gespräch, die in der Schlange vor mir standen. Eine von ihnen war Christine, bis heute eine meiner besten Freundinnen. Sie und ihre Begleitung waren als Au-pair-Mädchen von Mannheim nach London gekommen und ebenfalls ganz verrückt nach dem neuen Lebensgefühl. Wir hatten gleich einen guten Draht zueinander, und als wir schließlich – nach gefühlten Stunden des Wartens – vom Türsteher abgewiesen wurden, zuckten wir nur kurz mit den Achseln und suchten uns einen anderen Ort, an dem wir weiterreden konnten. Noch am selben Abend sagte ich zu Christine: »Weißt du was? Ich gehe nicht zurück nach Bad Oldesloe. Ich bleibe einfach hier.« Zu diesem Zeitpunkt hatte ich gerade noch 600 DM in der Tasche. Im teuren London konnte man damit keine großen Sprünge machen, eigentlich keinen einzigen, wenn man es genau nimmt. Daheim in Deutschland aber hatte ich – zumindest für mein Empfinden – alle meine Pflichten erfüllt. Ich war neunzehn und hatte mein Abi gemacht, wie meine Eltern es von mir verlangt hatten. Zurückzugehen und die Ausbildung beim Kürschner anzutreten, war für mich von diesem Moment an komplett unvorstellbar, und Bad Oldesloe war auf einmal Welten entfernt. Auch wenn ich keine Idee hatte, was ich in London tun sollte, meine Entscheidung zu bleiben war gefallen. Ich hatte keinen Job, kaum Geld und keine Wohnung. Auch kannte ich zu dieser Zeit noch kaum jemanden dort. Das war mir alles bewusst, und es war mir egal. Um unnötigen Diskussionen aus dem Weg zu gehen, rief ich meine Eltern nicht etwa an, ich schrieb ihnen einen Brief. Darin teilte ich ihnen mit, dass ich nicht wie geplant zurück nach Deutschland käme und auch nicht vorhätte, meine Ausbildungsstelle anzutreten. Ich versuchte, ihnen so gut ich konnte zu vermitteln, warum ich mich so und nicht anders entschieden hatte. Meine Eltern haben mich mein Leben lang unterstützt und mich immer darin bestärkt, meinen Träumen zu folgen. Trotzdem war dieser Brief erst mal ein Schock für sie. Ihr Kind mittellos in einer ausländischen Metropole. Welche Eltern wären von dieser Vorstellung schon hellauf begeistert gewesen? Sie haben es sich dann ein bisschen schöngeredet. »Ach, so eine Auszeit nach dem Abitur ist ja gar nicht schlecht. Das machen viele. Wenigstens lernt der Junge da gut Englisch.« Ich schlug mich eine Weile mit Gelegenheitsjobs durch, kellnerte in den coolsten Bars und Clubs, lernte die Stadt und ihre Menschen kennen und versuchte dabei, mich selbst zu finden. Alles war so neu, so groß, so bunt, so anders als zu Hause. Zum ersten Mal fühlte ich mich wirklich frei. Niemanden interessierte es, wie ich herumlief, wie ich mich anzog und gab. Und auch mein Schwulsein, das ich für mich selbst erst einige Jahre zuvor entdeckt hatte, war in London kein Thema. Gefühlt war hier jeder Zweite homosexuell. Nach etwa einem Jahr bewarb ich mich parallel am Saint Martins College of Art and Design und am London College of Fashion, an dem ich angenommen wurde und den Grundstein für meine spätere Karriere legte. Nicht auszudenken, wenn ich das Jahr zuvor zurück nach Bad Oldesloe gegangen wäre und diese Kürschnerlehre gemacht hätte. Für mich, meine Persönlichkeit und meinen Lifestyle war diese Entscheidung, so spontan ich sie auch getroffen hatte, die einzig richtige. An diesem Tag endete der erste Teil meines Lebens und der zweite begann.

Rückblickend muss ich sagen, dass dieser unüberlegte Schritt auch deshalb der richtige war, weil ich das Richtige daraus gemacht habe. Und darauf kommt es letztendlich bei allen Wendungen an, die uns das Leben bringt. Vieles dringt von außen an uns heran, das meiste davon können wir nicht einmal ansatzweise beeinflussen. Deshalb ist es aus meiner Sicht nicht wichtig, was uns passiert, sondern wie wir damit umgehen. Ich mag die Entscheidung für London in einem euphorisierten Zustand getroffen haben, in einem Moment der Verrücktheit – ohne länger darüber nachzudenken. Doch wie ich im Anschluss damit umgegangen bin, was ich als Jugendlicher aus meiner Zeit in London gemacht habe, das war selbstbestimmt. Diese Freiheit zu agieren hat jeder. Zu jeder Zeit, in jeder Situation.

Ein paar Jahre später, Anfang der Neunziger, stand ich kurz vor dem Abschluss am London College of Fashion. Zu dieser Zeit wohnte ich gemeinsam mit drei Kommilitoninnen in einer WG, und alle drei hatten bereits einen Job in der Modebranche in der Tasche, den sie in ein paar Monaten antreten würden. Nichts Glamouröses, aber immerhin ein Anfang. Ich selbst konnte zu diesem Zeitpunkt zwar schon ein paar kleinere Styling-Aufträge vorweisen und beriet nebenbei einen Freund beim Aufbau seines Modelabels, einen festen Job im Anschluss ans Studium hatte ich aber noch nicht. Leider bedeutete der Erfolg meiner Mitbewohnerinnen auch, dass wir bald würden ausziehen müssen, da es sie an verschiedene Orte in Großbritannien verschlug. Eines Nachmittags saß ich gemeinsam mit einer von ihnen an dem winzigen Tisch in unserer kleinen Küche und blätterte durch *The Face*, ein Magazin für Musik, Mode und Kultur, das es heute leider nicht mehr gibt. In dieser Ausgabe hatte Levi Strauss & Co. eine ganzseitige Jobanzeige geschaltet. Das war in vielerlei Hinsicht außergewöhnlich. Zum einen gab es in *The Face* eher selten Jobangebote, vor allem nicht in dieser Aufmachung, zum anderen wurde auf diese Weise in Großbritannien jemand für den Standort Deutschland gesucht.

»Schau mal, die suchen einen Chefdesigner. Ich glaube, da bewerbe ich mich mal«, meinte ich aufgeregt und legte meiner Freundin die Anzeige vor. Sie betrachtete die Annonce interessiert, fuhr mit dem Zeigefinger langsam die Liste der geforderten Fähigkeiten entlang und sagte dann nachdenklich: »Hmm, direkt vom College zum Chefdesigner bei Levi's? Ich weiß ja nicht. Vermutlich laden die dich nicht einmal ein. Ich würde mir an deiner Stelle nicht allzu große Hoffnungen machen.« Auch die anderen beiden schienen wenig überzeugt, als ich ihnen am Abend von meinem Plan berichtete. Okay, ich erfüllte tatsächlich nicht alle Anforderungen an den Job – aber doch einige. Ich war motiviert und kreativ, sprach fließend Englisch und Deutsch, hatte erste Erfahrungen in der Branche und wusste, was ich wollte. Nur in Sachen Mitarbeiterführung musste ich passen. Doch ich ließ mich von den Bedenken der anderen nicht entmutigen. Schließlich war ich fest davon überzeugt, dass Levi's genau nach mir suchte. Und Glaube versetzt ja bekanntlich Berge. Schon am nächsten Morgen machte ich mich an die Arbeit und erstellte eine Bewerbung. Ich wollte auf gar keinen Fall ein langweiliges Anschreiben, um es meinem kurzen Lebenslauf beizufügen. Stattdessen verfasste ich ein dreiseitiges Essay auf Englisch über die Marke Levi's, ihre Geschichte, ihre Bedeutung – global gesehen, aber auch für mich persönlich. Als ich meinen Freundinnen den Text präsentierte, waren sie sichtlich beeindruckt. Dass ich damit Erfolg haben würde, glaubten sie trotzdem nicht. Ich schickte die Bewerbung dennoch ab. Drei Wochen gingen ins Land, in denen nichts passierte. Jeden Tag sah ich voller Hoffnung in den Briefkasten und klappte ihn dann enttäuscht wieder zu. Daheim musste ich mir einigen Spott gefallen lassen: »Na Michi, schon was von Levi's gehört? Nicht? Ach, das ist ja komisch. Ich dachte, die hätten nur auf dich gewartet?« »Wie, noch keine Antwort? Was fällt denen ein, du bist doch der einzig Richtige für den Job – so als College-absolvent.« Sie zogen mich genau so lange auf, bis eines Tages ein Anruf kam. Die Personalabteilung von Levi's lud mich zum Vorstellungsgespräch ein, weil den Chefs meine originelle Bewerbung gefallen hatte. Mit einem Mal verstummten meine Mitbewohnerinnen. Fast ehrfürchtig betrachteten sie das von mir gut sichtbar auf dem Küchentisch platzierte Flugticket von London nach Frankfurt, das mir Levi's für meine Anreise zum Vorstellungstermin zugeschickt hatte.

Ich war enorm aufgeregt, als ich ein paar Tage später vor dem Gebäude in Heusenstamm bei Offenbach stand, in dem sich damals das deutsche Headquarter von Levi's befand. In dem Raum, in den man mich führte, saß bereits ein dreiköpfiges Einstellungsgremium, darunter die Personalchefin und ein Geschäftsführer. Ich weiß nicht mehr, was ich ihnen in der nächsten Stunde alles erzählte, aber ich redete vermutlich viel, wie es eben meine Art ist. Meine Aufregung war überirdisch, doch offenbar war ich ziemlich überzeugend. Man bot mir zunächst eine Stelle als Designer an. Aufgrund der fehlenden Erfahrung in Sachen Mitarbeiterführung war es nicht die des eigentlich gesuchten Chefdesigners. Der wurde ich erst ein Jahr später, nachdem ich mich bewährt hatte. Doch schon mein Einstiegsgehalt bei Levi's war damals phänomenal, und ich konnte mein Glück kaum fassen. Meine Mitbewohnerinnen übrigens auch nicht. Passiert ist all das nur, weil ich nicht eine Sekunde lang an mir gezweifelt habe. Ich war selbstbewusst genug, mich der Herausforderung zu stellen. Weder die Größe des Unternehmens noch die Position oder die Zweifel meiner Mitbewohnerinnen konnten mich von meinem Plan abbringen. Man könnte sagen, ich war ein Träumer. Aber nur Träumer haben Visionen, und manchmal kommen proaktive Träumer eben auch ein kleines Stückchen weiter. In meinem Fall war es sogar ein verdammt großes Stück.

Nichts im Leben passiert von allein. Wer immer nur auf die richtige Gelegenheit wartet, wartet womöglich sein Leben lang vergebens. Wir sollten nicht auf etwas verzichten, das uns glücklich machen könnte, nur um möglichen Enttäuschungen oder dem Missfallen anderer aus dem Weg zu gehen. Menschen verhalten sich gern wie Faultiere und bleiben, wo sie sind. Sie scheuen den Schritt aus der Komfortzone aus Angst vor dem Unbekannten. Aus Scheu vor dem kleinsten Risiko. Man könnte sich ja verschlechtern. Ich halte das für Blödsinn, und für mich käme ein solches Verhalten niemals infrage. Statt mich in Tagträume zu flüchten, versuche ich, meine Vorstellungen direkt umzusetzen. Mal mit mehr, mal mit weniger Erfolg. Doch ich bereue lieber etwas, was ich getan habe, als etwas, was ich nicht getan habe. Wenn wir es gar nicht erst versuchen, werden wir nie erfahren, ob unser Plan aufgegangen wäre. Dann müssen wir uns für den Rest unseres Lebens mit dieser Unwissenheit quälen. Und so viel Geduld bringe ich sicher nicht auf! Ich hatte lange vor meinem Umzug nach London den unbedingten Willen, Modedesigner zu werden. Dass London für die Erfüllung meines Traums die bessere Wahl sein würde als das Atelier eines Kürschners, war mir im Grunde genommen schon immer klar. Ich musste mich nur für London und gegen Bad Oldesloe entscheiden. Wer nichts Neues versucht, bereut es eines Tages. Die Angst ist ein schlechter Ratgeber, sie steht uns viel zu oft im Weg. Und zu schnell machen wir ihretwegen faule Kompromisse. Ein solcher wäre die Kürschnerausbildung sicher gewesen.

Ganz ohne Zugeständnisse geht es dennoch nicht. Wollen wir Teil der Gesellschaft sein, kommen wir nicht umhin, uns ihr in einigen grundlegenden Punkten anzupassen. Wir müssen morgens aufstehen und zur Arbeit gehen. Wir müssen Rechnungen bezahlen und unsere Steuererklärung machen. Wir können all das auch lassen, nur sind die Folgen wahrscheinlich derart unangenehm, dass die gewonnene Autonomie unverhältnismäßig unbequem, sogar anstrengend wird. Verpflichtungen und Agreements halten die Gesellschaft zusammen, darum erfüllen wir Verabredungen und übernehmen manchen Menschen gegenüber Verantwortung. Es gibt Gesetze und Verträge, Eltern haften für ihre Kinder und Ehepartner sorgen füreinander. Das ist sinnvoll. Allerdings hat das Wort ›Verpflichtung‹ immer einen bitteren Beigeschmack. Es klingt nach Einschränkung und dem Verlust von Freiheit und Selbstbestimmung. Doch diese sind eben nicht allein von dem abhängig, was wir tun wollen, sondern auch von unserer Einstellung gegenüber dem, was wir tun müssen. Verantwortungen entstehen aus Beziehungen heraus, die wir mit anderen Menschen unterhalten, schließlich sind wir soziale Wesen. Was für Menschen wären wir, würden wir einem Freund in der Not nicht helfen? Das hätte keinen Style, und wir hätten über kurz oder lang vermutlich keine Freunde mehr. Zu tun, wonach uns gerade die Laune steht ohne Rücksicht auf Verluste, ist stillos. Genauso wie nur das zu tun, was andere von uns verlangen. Allerdings lassen wir uns heute in gewissen Dingen nur allzu gern fremdsteuern, weil es uns einfacher erscheint, als etwas selbst in die Hand zu nehmen. Wir tun, was Freunde uns raten, oder hören auch im Erwachsenenalter noch immer gern auf die Ratschläge der Eltern. Dabei sollten wir uns frei machen von den Meinungen anderer. Voller Selbstvertrauen durchs Leben zu gehen bedeutet auch manchmal, unbequeme Entscheidungen zu treffen.

Ich war etwa zweieinhalb Jahre bei Levi's und mochte meinen Job, als ich einen Anruf von einem Headhunter bekam. Ein großer Sportartikelhersteller namens Adidas sei auf der Suche nach einem Chefdesigner. Offenbar hielt dieser Mann mich aufgrund meiner Referenzen für genau den Richtigen. Neugierig, wie ich nun mal bin, wollte ich mir unbedingt anhören, was er beziehungsweise das Unternehmen mir anzubieten hatte. Wir verabredeten uns am Frankfurter Flughafen, weil Headhunter vielbeschäftigte Menschen und ständig auf der Durchreise sind. Er bestellte mich in eine der Vielflieger-Lounges im Flughafen, und damit wir uns nicht verpassten, gab er mir eine Beschreibung durch: kurzes Haar, grauer Anzug, weißes Hemd, Aktentasche, Brille, Lederschuhe. Nicht besonders individuell, aber ich war optimistisch, dass wir uns schon finden würden. Ich war genau so lange optimistisch, bis ich die Lounge betrat. Beinahe jeder der Typen, die hier auf ihren Weiterflug warteten, passte auf die Selbstbeschreibung des Headhunters, sodass ich erst mal zwei Männer ansprach, die überhaupt nicht wussten, was ich von ihnen wollte. Der Headhunter wiederum war nicht auf die Idee gekommen, dass ich der Mann sein könnte, auf den er wartete. Sicher lag es daran, dass er normalerweise in der Automobilbranche Personal vermittelte und mit der Modeszene und ihren bunten Vögeln keine Erfahrung hatte. Als ich beim dritten Anlauf schließlich vor ihm stand und er begriff, wer ich war, konnte ich das Entsetzen in seinen Augen sehen. Ich war von Kopf bis Fuß in Jeans gekleidet, trug braune Lederboots und eine ebenfalls braune Cap. Ein Look, wie ihn die Gleisarbeiter in Nordamerika um 1900 trugen. Ich sah aus, als hätte ich höchstpersönlich die Schienen von New York nach Los Angeles verlegt. Das wäre vermutlich auch der einzige Job der Welt gewesen, für den der Mann mich gerne vermittelt hätte. Zu meinem Glück war das in Bezug auf Adidas nicht seine Entscheidung. Also ging er seinem Auftrag entsprechend professionell nach, klopfte diese und jene Frage mit mir ab und gab nach dem Gespräch seine Ergebnisse an die Personalabteilung von Adidas weiter. Wenig später wurde ich zum Vorstellungsgespräch eingeladen – nach Herzogenaurach in Mittelfranken. Bevor ich dorthin fuhr, rief mich der Headhunter noch einmal an:»Herr Michalsky, ich rate Ihnen eins: Ziehen Sie sich für dieses Treffen besser etwas Vernünftiges an.« Hatte er das eben wirklich gesagt? Ich versuchte, meine Wut hinunterzuschlucken, verkniff es mir auch laut loszulachen und blieb bei meiner Antwort betont ruhig:»Entschuldigung, aber ich lasse mir nicht vorschreiben, wie ich mich zu kleiden habe. Das haben meine Eltern früher nicht getan, und weder Sie noch irgendein ein Adidas-Chef werden das jetzt tun. Einen schönen Tag noch.«

Das war 1995. Erst ein Jahr zuvor hatte der französisch-schweizerische Unternehmer Robert Louis-Dreyfus die Geschicke der seinerzeit maroden Marke Adidas übernommen, sie aus der Verlustzone und an die Börse geführt. Zu diesem Zeitpunkt war Adidas ein reiner Sportartikelhersteller, die Ausweitung auf Lifestyle und Streetwear hatte man in Herzogenaurach noch nicht strategisch verfolgt – obwohl Adidas bereits besonders in der Hip-Hop-Szene auch abseits der Basketball-Courts und Running-

Tracks getragen wurde. Ich vermutete, dass man mich aus diesem Grund ins Boot holen wollte. Nervös war ich trotzdem, als ich von der Personalabteilung zum Chef höchstpersönlich ins Büro geschickt wurde. Natürlich trug ich keinen grauen Anzug, sondern Levi's-Jeans. Immerhin hatte ich sie mit Adidas-Superstars kombiniert, wie ich es für unsere Shootings schon eine Weile tat. Louis-Dreyfus saß hinter seinem Schreibtisch und rauchte Zigarre. Den Nebelschwaden nach zu urteilen, die durch den Raum waberten, war es nicht seine erste an diesem Tag. Der Mann trug keine Schuhe, und seine Socken waren voller Löcher. Bei diesem Anblick glaubte ich erst mal, ich hätte mich in der Tür geirrt. Doch Louis-Dreyfus bat mich herein und bot mir einen Platz an. Wir unterhielten uns eine Weile – über meinen Werdegang, meine Tätigkeit bei Levi's, meine Vorstellungen und Ideen für Adidas. Es war ein lockeres Gespräch und wurde irgendwann so vertraut, dass ich mich sogar zu fragen traute, ob es okay sei, mir eine Zigarette anzustecken. Ich bekam den Job angeboten und entschied mich, ihn anzutreten. Es war eine riesige Herausforderung, denn ich wollte und sollte das Label komplett umkrempeln und neu aufstellen, den Menschen dort die Augen und Adidas selbst neue Märkte öffnen.

Zugegeben, an meinem ersten Tag in Herzogenaurach kamen mir kurz Zweifel. Ich war von London erst in die Nähe von Frankfurt und nun nach Mittelfranken gezogen. In Sachen des kulturellen Lebensumfelds waren beide Wohnortwechsel echte Rückschritte. Um halb neun am Morgen stand ich zum Dienstantritt in der Kantine, die schon voller Menschen war. Die Schichtarbeiter in der Fertigung hatten gerade ihre erste Pause. Nach Fashion und Glamour sah hier wirklich nichts aus. Ein wenig bekam ich es sogar mit der Angst zu tun. Hatte ich mich richtig entschieden, oder war das alles ein riesiger Fehler? Sollte so meine Zukunft aussehen? Ich schwor mir in diesem Augenblick, mindestens ein Jahr durchzuhalten und dann weiterzuschauen. Die Aufgabe war einfach zu gut und meine Neugierde zu groß, so schnell wollte ich den Rückzug nicht antreten. Ich habe diese Entscheidung nie bereut. Am Ende blieb ich ganze elf Jahre.

Wenn ich auf diese Ereignisse zurückblicke, wundere ich mich schon ein wenig über mich selbst. Doch viele Entscheidungen, die wir in unserem Leben treffen, haben oft größere und langfristigere Auswirkungen, als wir in der Situation selbst überblicken können. Allerdings wächst die Sicherheit fast proportional zur Lebenserfahrung. Stehe ich heute vor einer größeren Entscheidung, versuche ich, die Situation und mich selbst erst mal von außen zu betrachten – und das möglichst emotionslos. Diese Vorgehensweise hilft mir dabei, mir selbst und meinem Stil treu zu bleiben. Wir können uns auch mal Rat bei Freunden oder anderen Außenstehenden holen, auf deren Ehrlichkeit wir vertrauen. Und deren Rat berücksichtigen, auch das hat Stil. Unser Leben müssen wir dann aber schon selbst leben.

Kopf oder Bauch?

Ich bin grundsätzlich sehr entscheidungsfreudig. Wo andere hadern, fackle ich nicht lang. Entwerfe ich eine Kollektion, weiß ich schnell, wie lang ein Kleid sein soll und welches Rot ich dafür will. Während andere Designer monatelang mit sich selbst und ihrem Team im Clinch liegen, ob sie eher einen gelblichen Rotton oder doch einen bläulichen bevorzugen, schaue ich mir alles an, entscheide mich für eine Farbe und bleibe dann dabei. Dafür brauche ich keine zweite Meinung von außen. Ich höre auf meinen Bauch, und in den meisten Fällen hat er recht. Nur einmal in meinem Leben habe ich eine emotionale Entscheidung getroffen, die ich heute beim besten Willen nicht mehr nachvollziehen kann.

Als ich 2006 beschloss, Adidas zu verlassen und mich in Berlin selbstständig zu machen, war ich auf der Suche nach einer passenden Immobilie. Raus aus dem beschaulichen Herzogenaurach, hinein ins pulsierende Leben der Großstadt. Doch anstatt mir eine Wohnung im Zentrum zu suchen, in der Nähe der Bars, der Clubs und der Menschen, suchte ich mir ein Haus in Dahlem. Dahlem liegt im Südwesten Berlins, nah am Grunewald und etwa eine halbe Autostunde von Berlin-Mitte entfernt. Es ist eines der exklusivsten Stadtviertel mit herrschaftlichen Villen und schicken Parkanlagen. Pulsierendes Leben bedeutet dort mit dem obligatorischen Rassehund einmal um den Grunewaldsee zu spazieren und im Anschluss zu Torte und Tee einzukehren. Warum ich mich für das Haus dort entschied und nicht für ein ebenfalls verfügbares Penthouse in der Friedrichstraße in Mitte, ist mir bis heute ein Rätsel. Ich kaufte also dieses Haus und ließ es nach meinen Vorstellungen umbauen. Ich sah mich schon mit meinem Freund wundervoll romantische Abende vor dem Kamin verbringen – blöd nur, dass ich überhaupt keinen Freund hatte. Und so schnell kam dort auch niemand vorbei. 30 Minuten mit dem Auto sind für Berliner schon weit, oder zumindest für meinen Freundeskreis. So saß ich die meiste Zeit in meinem wunderschönen Haus, dessen Komfort keine Wünsche offenließ, etwas unschlüssig herum. In der oberen Etage, in der unter anderem ein großes Gästezimmer, ein weiteres Bad und mein Arbeitszimmer lagen, war ich oft wochenlang nicht. Immer, wenn wichtige Post kam, die ich eigentlich in meinem Arbeitszimmer hätte abheften müssen, war mir der Weg dorthin zu weit. Dann lagerte ich die Briefe so lange auf der Treppe zwischen, bis der Stapel zu hoch wurde und immer wieder umfiel. Erst dann machte ich mir gezwungenermaßen die Mühe, die erste Etage aufzusuchen. Nicht nur einmal schmunzelte ich dann über die ungeahnte Welt, die dort oben verborgen lag. Das Haus war zu groß, es war zu weit ab vom Schuss und stand zudem noch ziemlich allein – ähnlich wie ich. Ich lebte in der ständigen Angst vor Einbrechern, die in der Nacht einsteigen könnten, während ich allein in meinem riesigen Bett lag. Und so glich das Haus mit seiner Alarmanlage irgendwann einer Festung. Ich habe mir das nicht eingestehen wollen, bei so einem schön renoviertem Haus fällt einem das auch nicht leicht. Doch irgendwann wurde die Entscheidung unausweichlich, ich musst zurück in die Stadt.

Das Ganze hat mich viel Zeit, Nerven und Geld gekostet. Und so sehr ich auch sonst versuche, Fehlentscheidungen positiv zu sehen, will mir das bei dieser einen nicht recht gelingen. Wenn ich heute an dem Penthouse in der Friedrichstraße vorbeigehe, gegen das ich mich damals entschieden hatte, frage ich mich schon, ob ich damals von allen guten Geistern verlassen war. Was für eine Immobilie! Meine weiteren Entscheidungen habe ich dann wieder besser getroffen. Noch immer höre ich vorzugsweise auf meinen Bauch und liege damit in den meisten Fällen weiterhin richtig. Lassen wir uns von der Vernunft leiten und entscheiden gegen unser Gefühl, ist die Entscheidung in vielen Fällen falsch. Wir vertrauen nicht auf uns selbst, sondern beziehen Gehörtes oder Gelesenes und damit die Erfahrungen und Meinungen anderer mit ein. Es kann vorkommen, dass eine Vernunftentscheidung klüger ist, denn Intuitionen und Gefühle leiten uns durchaus auch mal in die falsche Richtung. Insgesamt haben wir alle vermutlich hinsichtlich guter und schlechter Entschlüsse eine gemischte Bilanz. Oft wiegt eine gute Entscheidung aber mehrere schlechte auf. Als Designer verwerfe ich auch immer mal wieder Entwürfe, weil ich nicht überzeugt von ihnen bin. Musiker schreiben Songs, die in der Schublade verschwinden und die niemand jemals zu hören bekommt. Autoren scheitern immer wieder mit ihren Geschichten an Verlagen und Lektoren oder mit Drehbüchern an Produzenten und Redakteuren. All diese Versuche sind am Ende aber nur Etappen auf dem Weg zum eigentlichen Ziel: einem guten Design, einem erfolgreichen Song, einem Bestseller oder einem prämierten Kinofilm. Krampfhaft an einer Fehlentscheidung festzuhalten, bringt allerdings überhaupt nichts. Leider neigen wir manches Mal dazu, uns an offensichtlich Unsinniges – eine Idee, eine Beziehung oder auch nur ein langweiliges Buch – zu klammern, weil wir bereits viel Liebe, Zeit oder Geld investiert haben. Doch weder wird davon das Unsinnige sinniger noch bekommen wir das Investierte zurück. Mein Haus in Dahlem ist dafür ein Paradebeispiel. Das kann aber auch eine unglückliche Liebe sein, ein Projekt im Job oder auch eine langjährige Freundschaft.

Freunde oder Familie um ihre Meinung zu bitten, kann uns aber davor bewahren, uns komplett in etwas zu verrennen. Sie haben einen anderen Blick auf die Dinge, mit denen wir uns beschäftigen. Sie können uns helfen, die Situation, das Design oder die Story aus einer anderen Perspektive zu betrachten. Uns eine Entscheidung vollständig abnehmen können und sollten sie aber eben nicht, dafür sind wir am Ende schon selbst verantwortlich. Und ich bin auch viel zu neugierig, um mich durch die Ratschläge anderer von etwas abbringen zu lassen. Ich möchte selbst erfahren, was passiert, wie sich etwas entwickelt – in beruflichen Situationen, aber auch in Liebesdingen. Das gehört für mich dazu, um ein authentisches und stilvolles Leben zu führen. Dafür nehme ich Rückschläge und Enttäuschung gern in Kauf.

Mut zur Berufung

Eine der wichtigsten Entscheidungen, die wir im Leben treffen, ist die Wahl unseres Berufs, denn mit ihm verbringen wir in der Regel einen Großteil unserer Lebenszeit. Für mich war schon als Teenager klar, dass ich Modedesigner werden möchte. Nichts und niemand hätte mich von dieser Idee wieder abbringen können, seit ich Anfang der Achtzigerjahre eine Fotoreportage über Karl Lagerfeld und seine Arbeit für Chloé gelesen hatte. Ich war sofort Feuer und Flamme für diesen Beruf – und daran hat sich bis heute nichts geändert. Mein Beruf ist meine Berufung, ich mache ihn aus voller Überzeugung mit der allergrößten Leidenschaft, und das im besten Falle, bis ich eines Tages – in hoffentlich hohem Alter – einfach tot umfalle. Ich halte ihn für perfekt, weil er mich in all den Jahren noch keine einzige Sekunde gelangweilt hat. Ich bin getrieben von Neugierde – auf neue Menschen, Kulturen und Herausforderungen. Aus diesem Grund stehe ich jeden Morgen auf und gehe in die Welt hinaus. Ich kann mich glücklich schätzen, denn es ist ohne Frage etwas Besonderes, zu einhundert Prozent das tun zu können, was man liebt.

Ich denke, in jedem Menschen steckt ein gewisses Maß an Kreativität, doch nicht für jeden ist ein kreativer Beruf erstrebenswert. Buchhalter und Bankangestellte haben vermutlich eher ein Faible für Zahlen, Veterinäre mögen Tiere und Internisten –

wenn es gut läuft – Menschen. Die Wahl des Jobs sollte eine Frage der Persönlichkeit sein, nicht der Möglichkeiten. Wer seine Ausbildung nach den Beziehungen wählt, die die Eltern in einer Branche oder einem Unternehmen haben, wird am Ende vermutlich nicht zufrieden werden. Auch, wer sich auf das beschränkt, was sein Heimatort an beruflichen Chancen zu bieten hat, kann seine wahre Berufung leicht verpassen. Wir müssen in der Lage sein, über den Teller- und den Stadtrand hinaus zu blicken, um etwas zu finden, das uns liegt. Hätte ich das nicht getan, wäre ich heute entweder Kürschner oder ich säße in einem der letzten Reisebüros, die es in meiner Heimatregion noch gibt. Dort eine Ausbildung anzufangen, war nämlich mein erster Impuls, als wir mit der neunten Klasse den obligatorischen Abstecher ins Berufsinformationszentrum des Arbeitsamtes machten. Einen Zettel mit dem Beruf ›Modedesigner‹ gab es seinerzeit leider nicht. Zwar fand ich die Vorstellung, in einem mit Katalogen vollgestopften Reisebüro herumzusitzen, ganz furchtbar, aber damals glaubte ich, ich könne dann zumindest kostengünstig verreisen, um Hotels zu testen. Ich war fünfzehn, was wusste ich schon? Als Steward bei einer Fluglinie anzufangen, zog ich aufgrund der Reisemöglichkeiten ebenfalls kurz in Betracht. Sehr kurz allerdings, ungefähr dreieinhalb Minuten. Glücklicherweise habe ich mich von den vielen Zetteln in den riesigen Regalen des BIZ nicht irreführen lassen. Ich habe mich stattdessen lieber auf meinen Traumberuf konzentriert und mir ohne die Schule, die Eltern und die Berufsberater meinen Weg dorthin gesucht. Was liegt mir, welche Interessen habe ich und inwieweit kann ich all das in meinen Job einfließen lassen? Das sind die Fragen, die wir alle uns lebenslang immer wieder stellen müssen.

Bestimmte Berufe scheinen in der Außenwahrnehmung mehr Style zu haben als andere. Schauspieler klingt erst mal aufregender als Steuerberater. Ein Barbier scheint hipper zu sein als ein Friseur, obwohl sich doch beide mit Haaren beschäftigen. Mit englischen Berufsbezeichnungen versucht man heute, die Ödnis mancher Jobangebots zu verschleiern. *Vision Clearance Engineer* statt Fensterputzer, *Non-Profit Manager* statt ehrenamtlicher Mitarbeiter und der Schornsteinfeger wird zum *Flueologist*. Doch weder Außenwirkung noch Jobtitel sind das, was dem Menschen, der den Beruf ausübt, Stil verleiht. Es ist seine eigene Haltung zu dem, was er tut. Weder hat er mit einem coolen Job automatisch Stil, noch ist jemand mit einem weniger schillernden Beruf direkt stillos. Style hängt von der Leidenschaft und der Überzeugung ab, die wir für unser Tagwerk aufbringen. Und so gibt es Anwälte, Ärzte, Tischler, Grafikdesigner, Models, Steuerberater und Schornsteinfeger mit und ohne Stil. Auf einem Event lernte ich mal einen Metzger kennen, der kurz zuvor die Fleischerei seiner Eltern übernommen hatte und für seinen Beruf brannte. Er übte ihn mit Haltung aus, hatte den Laden komplett umgekrempelt, die Auswahl der Waren reduziert, auf Biofleisch gesetzt und insgesamt die Qualität erhöht. Und obwohl sein Beruf wirklich nicht sehr glamourös ist, brachte er seine Leidenschaft dafür so überzeugend rüber, dass er in meinen Augen weit mehr Stil besaß als viele andere in vermeintlich cooleren Berufen, die ich kenne.

Mir ist völlig klar, dass nicht jeder vom ersten Tag seines Arbeitslebens an seinen Traumjob ausüben kann. Oft pflastern zahlreiche Kompromisse den Weg dorthin, und längst verläuft er nicht mehr in geraden Bahnen. Glücklicherweise können wir heute auf dem Weg zum ursprünglichen Ziel immer wieder Neues entdecken, ganz einfach unsere Richtung ändern. Die

Zeiten, in denen die Menschen als Teenager in die Lehre gingen, vom Betrieb übernommen wurden und bis zur Rente tagein, tagaus dort schuften mussten, sind vorbei. Globalisierung und Digitalisierung haben uns viele Türen geöffnet, durch die wir nur hindurchgehen müssen. Es ist normal – Traumjob hin oder her –, auch mal miese Tage zu haben, Motivationslöcher und Zweifel an dem, was wir gerade tun. Das ist noch kein Grund zur Panik. Wenn uns die Zweifel aber mittel- oder sogar langfristig begleiten, sollten wir unsere Berufswahl oder zumindest den Arbeitgeber mal überdenken und aktiv nach einem Ausweg suchen. Ich finde nichts schlimmer als Menschen, die mir über Jahre in den Ohren liegen, wie furchtbar ihr Job oder wie gemein der Chef sei. Wenn sie – ob aus Angst oder Bequemlichkeit – nicht den notwendigen Schritt wagen, um ihre Situation zu ändern, wird sie dieses negative Gefühl bis ans Ende aller Tage begleiten. Was für eine furchtbare Vorstellung, das kann doch niemand wollen. Mut gehört zu einem stilvollen Leben dazu. Das heißt, bewusst auch mal ein Risiko einzugehen, um etwas im Leben zum Besseren zu verändern. Neue Wege zu beschreiten, über seine Grenzen hinauszugehen und sich auszuprobieren, auch auf die Gefahr hin zu scheitern. Dann müssen wir mutig wieder aufstehen und es weiter versuchen. Für mehr Zufriedenheit im Leben muss man eben auch mal etwas riskieren.

Mit meinem Job als *Global Creative Director* bei Adidas war ich alles andere als unglücklich. Die Arbeit machte mir Spaß, die Kollegen waren super und die Bezahlung ordentlich. Trotzdem fühlte sich das alles nach ein paar Jahren schal an. Ich hatte das Gefühl, auf der Stelle zu treten. Vermutlich wäre es für mich die nächsten Jahre die Erfolgsleiter noch weiter hinaufgegangen, wenn ich nicht selbst die Reißleine gezogen hätte. An einem

Punkt, an dem jeder Außenstehende darüber nur mit dem Kopf schütteln konnte. Eines Tages – im Jahr 2006 – stand für mich fest: Ich will mich selbstständig machen. Ich möchte meine eigenen Kollektionen entwerfen, mit meinem eigenen Namen für meine Kreationen stehen und das nächste Level erreichen. Ich wollte Kleidung, Schuhe, Accessoires und ein eigenes Parfüm kreieren. Dass ich eines Tages sogar Möbel entwerfen würde, ahnte ich damals noch nicht. Natürlich habe ich mir Gedanken darüber gemacht, was passiert, wenn das schief geht. Wenn sich niemand für mein Zeug interessiert und ich sang- und klanglos untergehe. Doch auch dieser Gedanke konnte mich nicht davon abhalten, den Schritt zu wagen. Ich musste es einfach versuchen, sonst wäre ich immer unglücklicher geworden. Also kündigte ich bei Adidas, zum Unverständnis vieler Kollegen und Vorgesetzter. Ich gab eine einflussreiche Position auf, um noch einmal bei null anzufangen. Und bis heute habe ich diese Entscheidung nicht einen einzigen Tag bereut. Nun habe ich großes Glück gehabt, mein Plan ging auf. Doch auch wenn es mit der Selbstständigkeit nicht funktioniert hätte, wäre mir das lieber gewesen, als noch weitere zehn Jahre Chefdesigner bei Adidas zu bleiben und mich ständig zu fragen, was wohl passiert wäre, wenn ich es ausprobiert hätte. Seit über zehn Jahren arbeite ich nun als selbstständiger Modedesigner, konnte meinen Namen als Marke etablieren und habe ein kleines Fashion- und Lifestyle-Unternehmen mit dreißig Mitarbeitern aufgebaut. Das war mein Plan, ich habe ihn in die Tat umgesetzt. Für mich fühlt sich das, was ich jeden Tag mit viel Leidenschaft tue, zu keiner Zeit wie Arbeit an. Das ist ein riesiges Privileg, und ich habe es mir selbst geschaffen.

Ich plädiere hier nicht dafür, dass jeder Mensch, der gerade eine gewisse Unzufriedenheit im Job verspürt, sofort kündigt. Wichtig ist, erst mal in sich hineinzuhören, woher diese Unzufriedenheit überhaupt kommt. Ein Motivationsloch erzwingt noch keine sofortige Neuorientierung, auch kein kleiner Streit mit einem Kollegen oder dem Vorgesetzten. Passt allerdings die Firmenphilosophie plötzlich nicht mehr zum eigenen Lifestyle, sieht das schon anders aus. Ein Vegetarier in der fleischverarbeitenden Industrie? Sicher keine gute Kombi. Auch wenn der Job nur noch aus Routine besteht, wir nicht vorankommen und nichts mehr dazulernen, ist eine Umorientierung womöglich eine gute Sache. Es muss ja nicht gleich ein kompletter Branchenwechsel sein, vielleicht findet sich etwas Artverwandtes oder ein Arbeitgeber, bei dem wir wieder neue Impulse und Aufgaben bekommen. Entscheiden wir uns übrigens für einen Beruf, der unserer Persönlichkeit nur bedingt entspricht, uns dafür aber ermöglicht, uns in der Freizeit frei zu entfalten, kann auch das Stil haben. Vielen Menschen sind finanzielle Absicherung, geregelte Arbeitszeiten und viele Urlaubstage eben wichtiger als die berufliche Selbstverwirklichung. Ein anderer wählt stattdessen einen Job, der zwar kaum genug Geld zum Leben abwirft, der ihn dafür aber emotional erfüllt. Vielleicht ist er Künstler, oder er arbeitet auf ein Ziel hin, für das dieser Schritt notwendig ist. Dann hat auch diese Entscheidung Stil, denn sie ist selbstbestimmt.

Leider nutzen nicht wenige Unternehmen die Not und die Unbedarftheit junger Arbeits- und Sinnsuchender immer wieder aus. Kürzlich las ich einen Artikel über die Berliner Start-up-Szene, der mir zu denken gab. Die Autorin beschrieb darin zum einen die Anforderungen, die an sie als Mitarbeiterin gestellt wurden: Französisch-, Englisch- und Deutschkenntnisse, ein Masterabschluss und erste praktische Joberfahrungen wurden gefordert. Dem stellte sie die Aufgabe und deren Bezahlung gegenüber. An vier Tagen die Woche trug die Schreiberin – Inhaberin zweier Masterabschlüsse – stumpf Zahlen in Excel-Tabellen ein – für nicht mal eintausend Euro brutto im Monat. Jeder in diesem Start-up trug einen ›Manager‹ in seinem Jobtitel, alle duzten sich, im Frühstücksraum stand ein Kickertisch, und frisches Obst und Wasser gab es umsonst. Dazu locken Unternehmen wie diese mit kostenlosen Firmenevents, um eine emotionale Bindung herzustellen, mit denen sie im Grunde nichts weiter tun, als ihre Mitarbeiter auch noch in deren Freizeit zu gängeln. Eigenverantwortung, flache Hierarchien, unbefristete Arbeitsverträge und echte Jobchancen versprechen alle, bieten aber die wenigsten, und das überspielen sie mit einem Anstrich von Hipness und Coolness. Seine Angestellten derartig auszubeuten, hat keinen Stil, sich ausbeuten zu lassen, allerdings auch nicht. Es gibt immer einen, der etwas tut, und einen, der es mit sich machen lässt.

Sicher, auch ich verlange meinen Mitarbeitern einiges ab – in ihrer Arbeitszeit und bei fairer Bezahlung. Ich selbst bin extrem diszipliniert. Vielleicht sogar so sehr, dass ich manchen Menschen damit auch schon mal auf den Wecker falle. Ich lege großen Wert auf Pünktlichkeit, Zuverlässigkeit und Genauigkeit. Ich erwarte, dass Dinge, die ich in Auftrag gebe, entsprechend zügig erledigt werden. Denn bei allem, was ich meinen Mitarbeitern sage und was ich von ihnen verlange, habe ich ein Ziel vor Augen. Und ich lasse mich von nichts und niemandem daran hindern, dieses Ziel schnellstmöglich zu erreichen. Das müssen meine Angestellten aushalten, und ich erwarte von ihnen eine ähnliche Herangehensweise an ihre Arbeit. Gerade wenn man im Team arbeitet, geht es ohne Disziplin einfach nicht. Und damit meine ich nicht, dass ich meine Leute wie ein Feldwebel herumkommandiere. Ich leite ja ein Lifestyle-Unternehmen, kein Bootcamp. Doch gibt es keinerlei Schranken und Vorgaben, geht es einfach nicht voran. Das kennen wir doch alle noch aus der Schule. Bei den Lehrern, die nicht in der Lage waren, uns Schüler einigermaßen in Schach zu halten – weil sie zu schwach waren oder sich für einen extrem antiautoritären Erziehungsstil entschieden hatten –, ging es schnell drunter und drüber. Also führe ich mein Team lieber bestimmt, aber voller Wertschätzung. Mir fiele es zum Beispiel im Traum nicht ein, jemanden noch nach Feierabend mit etwas zu behelligen. In der Regel hat alles, was ich dann noch auf dem Herzen habe, Zeit bis zum nächsten Morgen – Sonder- und Notfälle einmal ausgenommen. Bei uns herrscht eine echte, keine erzwungene familiäre Atmosphäre. Wir essen gemeinsam zu Mittag, und es wird auch schon mal über Privates gesprochen. Ich möchte doch wissen, mit wem ich zusammenarbeite, denn mit diesen Menschen verbringe ich einen Großteil meiner Zeit – weit mehr als mit den Freunden oder der Familie. Die Tür zu meinem Büro steht meinen Mitarbeitern immer offen, und das nicht nur im übertragenen Sinne. Ich schotte mich nicht ab, meine Angestellten können jederzeit mit jedem Anliegen zu mir kommen. Ich denke, nur wer bei der Arbeit er selbst sein kann und sich ernst genommen fühlt, wird seinen Job mit Leidenschaft ausüben. Auch das ist wichtig für einen stilvollen, Lebensentwurf.

Authentisch leben

Ich sage, was ich denke, und verbiege mich für nichts und niemanden. Beruflich wie privat. Das kommt nicht bei jedem und nicht immer gut an, manch einer mag es gelegentlich sogar als stillos empfinden. In meinen Augen ist es das Gegenteil, und ich weiß das auch bei meinen Mitmenschen zu schätzen. Ich gaukle niemandem etwas vor und lege die größtmögliche Offenheit an den Tag, ohne dabei beleidigend oder verletzend zu werden. Mir ist es wichtig, mich so zu zeigen und zu verhalten, wie ich bin und wie ich mich in diesem Moment fühle. Eine wichtige Eigenschaft, die mich zu dem macht, der ich bin, und die ich nicht abstellen kann und will, ist beispielsweise meine Ungeduld.

In unserer schnelllebigen Zeit wird Geduld als eine erstrebenswerte Tugend angesehen. Sich Zeit lassen, die Dinge ruhig angehen, mehr Achtsamkeit walten lassen – diese Ratschläge finden wir heute in beinahe jeder Lebenshilfelektüre, in der es um die Reduzierung von Stress geht. Wer sich mit dem Thema Geduld beschäftigt, landet unweigerlich bei der Ungeduld. Sie liegt uns Menschen im Blut, und mir ganz besonders. Ich bin von Natur aus ungeduldig und mir fällt es wirklich schwer abzuwarten. Ich zwinge mich manchmal regelrecht, ruhig zu bleiben – besonders wenn es um Herzensprojekte wie meine neue Kollektion oder auch dieses Buch geht! Ein gewisses Maß an Entschleunigung ist gut, um sich nicht zu verzetteln und gesund zu bleiben. In Liebesdingen ist Geduld womöglich ein besserer Berater als Ungeduld. Doch ich will immer alles, und das am besten sofort. Ein Mann, der das nicht aushält, passt nicht in mein Leben. Auf diese Weise weiß ich zumindest schnell, woran ich bin, und kann mich gegebenenfalls umorientieren. Das Internet mit all seinen Möglichkeiten hat unsere Ungeduld weiter geschürt. Heute können wir Dinge online bestellen, die noch am selben Abend bei uns eintreffen. Wir schicken digitale Nachrichten, die direkt beim Empfänger landen, und wissen wir etwas mal nicht, googeln wir es und sind schon wenige Sekunden später schlauer. Ich finde es gut so, denn meinem Lebensentwurf kommt diese neue Schnelligkeit entgegen. Meine Ungeduld speist sich auch aus der Neugierde, die mich antreibt. Für mich bedingen sie sich gegenseitig, das eine gibt es ohne das andere nicht. Ohne sie gäbe es keine Herausforderungen mehr und keine Kreativität. Sie sind mein Motor, der die Veränderung vorantreibt, die ich als Modedesigner brauche. Manch einem mag ich damit schon mal auf den Nerv fallen, denn zu einem guten Zuhörer macht mich die Ungeduld nicht unbedingt. Doch sie gehört zu mir und meinem Leben dazu.

Es geht bei Stil grundsätzlich um Authentizität, auch wenn der Begriff heute schon ein wenig abgeschmackt klingt. Von allem und jedem wird verlangt, authentisch zu sein, also echt und zuverlässig. Vermutlich ist Authentizität einer der am häufigsten benutzten Begriffe in Selbsthilfegruppen und Beziehungsratgebern. Für mich bedeutet Authentizität, aufrichtig und selbstbestimmt zu handeln, ein individuelles Leben zu führen und für meine Überzeugungen und Ideale einzutreten. In meinen Augen geht es darum, eine Haltung zu haben und diese zu verteidigen, egal, wie viel Gegenwind ich bekomme. Unsere Haltung ist das, was unser Denken, Fühlen und Handeln bestimmt. Sie ist die Summe unserer Einstellungen zu den Dingen und das Fundament unserer Persönlichkeit. Geformt durch Erfahrungen und Gewohnheiten, bildet sie den zentralen Punkt unseres Stils. Sie gibt uns Halt und hilft uns dabei, die Komplexität des Lebens zu reduzieren. Wir wissen, wer wir sind, und verhalten uns entsprechend. Haltung zeigt sich dort, wo wir uns bewähren müssen. Allerdings darf sie nicht in Dogmatismus und Selbstgerechtigkeit ausarten, wir müssen trotz allem offen und lernfähig bleiben. Für Authentizität müssen wir vor allem erst mal happy mit uns selbst sein. Wir müssen uns selbst mit allen Ecken und Kanten annehmen und ehrlich und offen zu ihnen stehen. Dafür brauchen wir immer ein Gegenüber, einen Empfänger. Denn ob wir authentisch rüberkommen, bestimmen nicht wir selbst, dieses Bild von uns entsteht im Dialog mit anderen. Wir können uns unserer Schwächen im stillen Kämmerlein bewusst sein, wenn wir sie gegenüber anderen nicht zugeben, sind wir nicht authentisch, sondern höchstens verkrampft. Überhaupt zeigt sich Authentizität weniger im Alltag, als vielmehr in Krisen und Konflikten. Immer dann, wenn wir Stellung beziehen müssen. Wir sollten nicht auf unserem Standpunkt beharren, wenn er sich als falsch erweist, nur um als authentisch wahrgenommen zu werden. Ein bisschen Selbstkritik und Selbstironie gehören auch immer dazu. Eine klare Meinung zu haben und diese auch zu vertreten, hilft aber im Zweifelsfall, Konflikte zu lösen.

Für einen reflektierten und selbstironischen Umgang mit den eigenen Unzulänglichkeiten ist die Selbstliebe eine gute Basis. Das Leben ist zu kurz für Unsicherheiten und permanenten Zweifel an uns selbst. Wenn wir mit uns zufrieden sind, haben wir den Grundstein gelegt, anderen offen gegenüberzutreten – ohne Neid und ohne Missgunst. Selbstliebe ist ja nicht gleich Selbstsucht. Es geht nicht darum, sich ausschließlich um sich selbst zu drehen, das hat keinen Style. Wer aber ständig an sich selbst zweifelt, hat keine Zeit mehr, sich Gedanken um andere zu machen und deren Interessen, Wünsche und Bedürfnisse zu berücksichtigen. Auch ich stelle mich selbst immer mal wieder infrage. Misserfolge lassen auch bei mir Selbstzweifel aufkommen. Doch haben sie auch etwas Gutes, denn sie sorgen dafür, dass wir nicht abstumpfen. Wenn wir von allem, was wir tun, immer zu einhundert Prozent überzeugt wären, würden wir unaufmerksam werden und uns nicht weiter entwickeln. Wir können an Situationen wachsen, in denen wir feststellen, dass wir etwas falsch gemacht haben oder nicht verstanden wurden. Wir lernen daraus und machen es beim nächsten Mal anders, im besten Falle besser. Sich aber ständig darüber das Gehirn zu zermartern, macht die Selbstreflexion zu einem egoistischen Akt, der keinen Raum für andere Dinge lässt. Selbstliebe hilft uns dabei, uns ernst zu nehmen und herauszufinden, was wir wollen. Wenn wir dann dafür eintreten, ohne die Rücksichtnahme auf andere Menschen darüber zu vergessen, hat das sehr viel Stil.

Wir sollten Selbstliebe allerdings auch nicht mit Selbstverliebtheit verwechseln, einer der unangenehmsten und stillosesten Eigenschaften im Zwischenmenschlichen. Zwar ist der Begriff Narzissmus heute zu einem Klischee geworden, doch verstehen wir darunter im weitesten Sinne die Überhöhung der eigenen Person und einen Mangel an Empathie. Wie so oft im Leben kommt es auf die richtige Dosierung an. Wenn wir unser Selbstwertgefühl schützen und uns selbst nicht zu kritisch sehen, ist das gut. Verlieren wir aber das Maß, wird es unangenehm. Häufig ist der, der sich selbst am meisten lobt, doch sowieso der Unsicherste von allen. Und er ist gleichzeitig auch der, der anderen die Butter auf dem Brot nicht gönnt. Neid geht in meinen Augen überhaupt nicht. Er entsteht, wenn man sich mit einem anderen Menschen vergleicht und sich beim Anblick von dessen Haus, Auto, Partner, Job, Sixpack – oder was auch immer einen beschäftigt – minderwertig vorkommt. Leider scheint Deutschland voll zu sein von derartigen Neidern. Sie fixieren sich auf den vermeintlichen Vorzug oder Vorteil ihres Nachbarn oder Kollegen und verlagern ihre eigene Unzufriedenheit nach außen. Die anderen sind Schuld oder haben dieses und jenes gar nicht verdient. In den USA sieht das vollkommen anders aus. Dort ist diese Form des

Neids gar kein Thema. Die Amerikaner finden es toll, wenn du mit einer dicken Karre herumfährst. Sie bleiben eher noch stehen und klatschen. Sie freuen sich für dich. Bei uns bekommen wir in einem fetten Sportwagen direkt Probleme. Entweder fehlen uns eines Tages die Außenspiegel und alle vier Reifen oder wir werden selbst dann vom Radfahrer angepöbelt, wenn wir für ihn angehalten haben – einfach nur, weil wir ein solches Auto fahren. Wenn es ganz blöd läuft und man in Berlin oder Hamburg im falschen Viertel parkt, kann der Wagen sogar mal in Flammen aufgehen. Wenn der deutsche Nachbar uns mit einem neuen Auto sieht, sagt er:»Pah, den zahlt der jetzt sicher die nächsten zwanzig Jahre ab, den kann der sich doch eigentlich gar nicht leisten.« Ein arbeitsloser, vierfacher Vater aus den USA würde vermutlich eher so reagieren:»Guckt mal, Kinder. In fünf Jahren fahren wir auch so ein schickes Auto.« Die Amerikaner ticken in dieser Hinsicht offensichtlich ganz anders. Sie wetteifern gern und lassen sich vom Erfolg anderer anspornen. Diese Herangehensweise ist nicht nur viel sympathischer und stylisher, sie ist vor allem ergebnisorientiert.

Stylish scheitern

Es wird immer wieder Momente im Leben geben, in denen wir uns eingestehen müssen, mit einem Vorhaben oder einer Idee gescheitert zu sein. Ich habe in meiner Karriere häufig Gegenwind bekommen und bin von der Presse in der Luft zerrissen worden. Manches Mal war ich einfach zu früh dran, die Rezipienten waren noch nicht bereit für meine Ideen. Wie zum Beispiel 2007 im Roten Rathaus in Berlin. Nicht nur die Wahl der

Location sorgte damals für jede Menge Zündstoff. Ich habe dort bei der Präsentation meiner allerersten Kollektion unter eigenem Namen männliche und weibliche Models gleichzeitig über den Laufsteg geschickt. Zu dieser Zeit waren die Modenschauen noch streng nach Geschlechtern getrennt, und mein frischer Ansatz hat innerhalb der Szene für eine Menge Spott und Häme gesorgt. Nach diesen miesen Kritiken habe ich mich erst mal selbst und besonders meine Entscheidung infrage gestellt. Schaut man sich heute um, dann fällt auf, dass immer mehr Modedesigner die Geschlechtertrennung aufheben, doch damals war das ein Aufreger und in den Augen vieler offenbar eine regelrechte Unverschämtheit. Rückblickend kann ich leicht sagen, dass meine Entscheidung richtig war. Damals aber war mein Gefühl ein völlig anderes, und zwar kein sehr angenehmes. Doch mit Niederlagen umgehen zu können, sie als etwas Positives zu begreifen und sich nicht von der Angst vor ihnen lähmen zu lassen, ist grundlegend für ein stilvolles Leben. Scheitern ist nichts, worüber in unserer Gesellschaft der Selbstoptimierung und des Perfektionismus gern gesprochen wird. Und es ist kein schönes Gefühl, wenn etwas nicht so klappt, wie wir es uns vorgestellt haben, wenn wir ein Projekt in den Sand gesetzt oder eine Aufgabe nicht erfüllt haben. Wir sehen unseren Selbstwert bedroht, doch mit der Akzeptanz der Situation und dem Willen, das Beste daraus zu machen, können wir daran wachsen. Ich bin der Typ Stehaufmännchen. Wenn einmal etwas nicht sofort funktioniert hat, dann versuche ich es – nach einer angemessenen Zeit des Schmollens und Wundenleckens – eben noch einmal anders oder suche mir etwas Neues. Meine Neugier hilft mir dabei, wachsam zu bleiben und die Chancen zu erkennen, die sich aus dem Scheitern ergeben. Das gibt der Niederlage einen Sinn und lässt mich besser mit ihr umgehen. Hätte ich nach meinem ersten beruflichen Downer direkt aufgegeben, wäre ich heute nicht dort, wo ich bin. Für mich ist es eher eine Motivation, wenn etwas nicht auf Anhieb gelingt. Ich verfahre dann nach dem Motto »Jetzt erst recht!«

Aufgrund unserer überhöhten Ansprüche werden wir unseren Erwartungen an uns selbst heute immer seltener gerecht. Doch wir sollten unser Selbstwertgefühl nicht bloß an unseren Erfolgen messen. Nur weil an der einen Stelle etwas mal nicht geklappt hat, sind wir doch noch lange keine Komplettversager. Nicht alles kann auf Anhieb gelingen. Oft ist es sogar besser, mit der Trial-and-Error-Methode ans Ziel zu gelangen als auf direktem Wege. Dann kommen wir vielleicht mit etwas Verspätung an, dafür aber mit einer Menge wichtiger Erfahrungen, die wir ohne unsere Fehler nie gemacht hätten. Das eröffnet uns neue Möglichkeiten, liefert ungeplante Denkanstöße und schafft Raum für jede Menge Kreativität. Viele Entdeckungen in der Medizin verdanken wir dem Scheitern, zum Beispiel das Penicillin. Entdeckt hat der Arzt Alexander Fleming das Medikament nur, weil er schlampigerweise einen gefährlichen Keim in einem offenen Gefäß auf dem Labortisch zurückließ und für drei Wochen in den Urlaub oder wohin auch immer verschwand. Als Fleming zurückkehrte, hatte sich der Keim in eine eklige Masse verwandelt, den Pilz Pencillium notatum. So war das organisatorische Scheitern Flemings lebensrettend für Abermillionen von Patienten.

Manchmal stehen wir uns aber auch einfach selbst im Weg und verhalten uns völlig bescheuert. Wir treiben jemanden durch permanente Nörgelei oder Eifersucht in die Flucht, den wir eigentlich gern bei uns behalten würden. Oder wir schlagen aus Angst vor Veränderung eine berufliche Chance aus, worüber wir uns schon wenig später ärgern. Wir schaden uns selbst – aus meist unerfindlichen Gründen. In der Psychologie nennt man dieses Verhalten Selbstsabotage. Sie setzt ein, wenn – im Job wie in der Liebesbeziehung – der Druck besonders groß ist. Zweifel und Ängste bringen uns nicht weiter im Leben. Wir alle haben Träume, die sich nicht immer erfüllen, manches Mal sind wir falsch abgebogen. Doch das Gefühl, eine schlechte Entscheidung getroffen oder nur die zweitbeste Möglichkeit gewählt zu haben, kann uns auffressen. Ich habe von einer Australierin gelesen, die in der Palliativmedizin arbeitet und tagtäglich mit Sterbenden zu tun hat. Sie hat in einem Buch zusammengefasst, welche Dinge die Patienten auf dem Sterbebett bereuen. Am häufigsten wünschten sie sich, sie hätten mehr Mut gehabt, ihr eigenes Leben zu leben. Es gibt immer noch zu viele, die die meiste Zeit Dinge tun, von denen sie glauben, dass andere sie von ihnen erwarten – die Eltern, der Partner, die Freunde oder der Arbeitgeber. Ein selbstbestimmtes Leben ist also die beste Taktik, um später mal ohne Reue zurückblicken zu können. Viele wünschten sich auch, sie hätten weniger gearbeitet und sich mehr um Familie und Freunde gekümmert. Dass ich diesen Punkt irgendwann mal auf meine eigene Liste setze, ist schwer vorstellbar, dafür liebe ich meinen Job viel zu sehr. Wer aber sein Leben lang einem Beruf nachgeht, der ihn nicht erfüllt und für den er sich dennoch aufreibt, läuft Gefahr, genau dort zu landen. Andere hätten zudem gern ihre Gefühle mutiger ausgedrückt, den Kontakt zu ihren Freunden aufrechterhalten und sich erlaubt, insgesamt glücklicher zu leben. All diese Aussagen von Menschen, die in einem Moment auf ihr Leben zurückblicken, in dem es bald vorbei ist, sollten uns noch Lebenden eine Lehre sein. Wir müssen uns also unbedingt mehr trauen. Es ist sinnvoller, sich ein neues Ziel zu suchen, als das Nichterlangen eines älteren zu bedauern. Uns werden jeden

Tag so viele Dinge abverlangt, dass es arrogant wäre zu glauben, man könne immer alles richtig machen. Gelegenheiten kommen und gehen, wir können sie ergreifen oder eben nicht. Letztendlich ist das Leben doch nichts als eine Skizze, die wir immer wieder verändern können. Wie langweilig wäre es, wenn alles in vorbestimmten Bahnen verlaufen würde – ohne Tiefen, dadurch aber auch ohne Höhen? Für mich wäre das nichts. Ich brauche die Veränderung, das Unerwartete und das Neue. Wir können dem Entwurf unseres Lebens Details hinzufügen und andere weglassen. Das geschieht in der Regel intuitiv, dafür ist unsere Persönlichkeit verantwortlich, und sie kann den losen Plan immer wieder neu anpassen. Einen Plan A sollten wir haben, aber ich brauche keinen Plan B oder Plan C, um mich etwas zu trauen. Wenn wir die in der Hinterhand haben, setzen wir uns nicht zu einhundert Prozent für die ursprüngliche Idee ein. Ein Ausweichplan bremst uns aus, denn wenn wir ihn schmieden, deuten wir unterbewusst an, dass wir selbst nicht an Plan A glauben. Konzentrieren wir uns doch besser darauf, ihn in die Tat umzusetzen, als schon zu Beginn nach Ausweichmöglichkeiten zu suchen. Über die denke ich erst nach, wenn nichts mehr geht und ich tatsächlich mit etwas gescheitert bin. Grundsätzlich empfehle ich in einem solchen Moment das, was auch eine Studie nahelegt, von der ich gelesen habe: Niederlagen und falsche Entscheidungen stecken wir stilvoller und emotional besser weg, wenn wir sie mit Humor nehmen.

Von Satire bis Selbstironie

Humor liefert uns positive Emotionen und reduziert Stress. Als Kinder lachten wir noch rund vierhundert Mal am Tag, als Erwachsene nur noch etwa vierzig Mal. Schuld daran ist wohl der berühmte Ernst des Lebens, der uns dann einholt. Auf einmal haben wir Verpflichtungen, müssen uns behaupten, Geld verdienen, uns kümmern und mit anderen messen. Kein Wunder, dass Krankheiten wie Burnout und Depressionen in unserer westlichen Welt immer häufiger vorkommen. Humor hilft uns dabei, besser mit unangenehmen Situationen umzugehen. Er lässt uns dabei auch vordergründig negative Dinge aus einem anderen Blickwinkel betrachten und nimmt ihnen so die Dramatik. In den USA zählt Humor inzwischen zu den sogenannten Soft Skills. Sie sind in vielen Firmen Voraussetzung, um dort überhaupt einen Job zu bekommen. In diesen Unternehmen wird in Vorstellungsgesprächen auch die Humorfähigkeit eines Bewerbers getestet. Schließlich gilt es als erwiesen, dass Humor die Kommunikation erleichtert und Konflikte entschärft. Das setzt voraus, dass wir uns selbst nicht immer zu ernst nehmen und auch über uns selbst und unsere Fehler und Niederlagen lachen können.

Mir gelingt das immer wieder, wenn ich an meine Zeit in dem Haus in Dahlem zurückdenke. Von Anfang an fühlte ich mich dort nicht richtig wohl und habe nach den Gründen dafür geforscht. Dass es im Grunde an mir selbst lag, darauf bin ich lange nicht gekommen. Stattdessen habe ich alles recherchiert, was ich konnte. Ich fand heraus, dass das Haus 1936 entworfen und gebaut worden war, von einem Wissenschaftler, der damals für die Nazis arbeitete. Nicht weit entfernt befand sich das Kaiser-Wilhelm-Institut für Physik, in dem Otto Hahn 1938 die Kernspaltung entdeckte. Und die Straße weiter runter war mal die Reichsärztekammer ansässig, für die Nazi-Ärzte wie Kurt Blome arbeiteten. Und weil ich zu der Zeit irgendwie nicht immer die richtigen Entscheidungen getroffen habe, kam ich zu der festen Überzeugung, dass mein Unwohlsein aus der schlechten Energie des Hauses resultierte. Ein Freund aus der Modebranche empfahl mir, es reinigen zu lassen, und zwar nicht von einer klassischen Putzfrau, sondern von einer esoterischen. Feng-Shui war damals gerade in, doch die Reinigung war wirklich noch mal eine ganze andere Nummer. Hier ging es nicht nur darum, die Möbel so zu stellen, dass die Lebensenergie Chi wieder fließen konnte. Es sollten zuerst alle negativen Energien eliminiert werden. Praktischerweise konnte dieser Freund mir gleich noch die passende Dame für den Job nennen. Am vereinbarten Tag standen dann eine sehr dicke Frau und ihr extrem dünner Ehemann aus Brandenburg vor meiner Tür. Wie es sich für Dahlem gehörte, lebte auch mein Dackel zu der Zeit bei mir. Als dieses etwas skurrile Paar durch die Tür trat, flippte der Hund vollkommen aus. Das hätte mir eine Warnung sein sollen, aber ich war offenbar zu verzweifelt, um die Zeichen zu erkennen. Erst als das ungleiche Paar verlangte, allein durch alle Räume zu gehen, um die Energien ohne Ablenkung meinerseits zu spüren, wurde ich stutzig. Hatte ich mir womöglich Trickbetrüger ins Haus geholt, die in aller Seelenruhe meine Zimmer im ersten Stock ausräumen wollten, während ich im Erdgeschoss auf positive Energien hoffte? Ich hatte die beiden schneller aus dem Haus, als sie »Aromatherapie« sagen konnten. Aber mein eigentliches Problem war damit noch nicht gelöst. Ein anderer Bekannter hatte eine Schulfreundin, die sich in Casmina umbenannt und auf eben solche Hausreinigungen spezialisiert hatte. Ich lud sie ein, und die Dame war mir bei ihrem Eintreffen direkt viel sympathischer als das Paar davor. Nach einem kurzen Vorgespräch wollte Casmina – gemeinsam mit mir – alle Räume einmal begutachten. Nach etwa der Hälfte der Räume stellte sie fest, dass das Haus zu groß sei, um es allein zu reinigen. Und so tanzte sie zum vereinbarten Reinigungstermin zwei Wochen später mit einer Assistentin an, einem Medium aus der Ukraine mit feuerrotem Haar. Beide Frauen waren schon ein bisschen in die Jahre gekommen, rundlich und trugen seltsame Walla-Walla-Gewänder. Zu dritt haben wir uns dann durch jeden Raum gearbeitet. Jedes Mal, wenn Casmina durch eine Tür trat, gab sie ein langgezogenes »Öh« oder »Äh« von sich und verdrehte die Augen, bis nur noch das Weiße darin zu sehen war. Ich bekam es mit der Angst zu tun. Gar nicht nur vor Casmina, sondern vor den vielen negativen Energien, die sie zu spüren schien. Das war ja alles noch viel schlimmer, als ich gedacht hatte! Kein Wunder, dass ich mich in diesem Haus nicht wohlfühlte. Ich hatte mir offenbar eine schickere Ausgabe der Burg Frankenstein zugelegt.

Vor meinem Schlafzimmer lag damals ein Bärenfell, das ich mit Zertifikat und allem Drum und Dran gebraucht erworben hatte. Ich liebte dieses Fell sehr, Casmina mochte es allerdings gar nicht. »In diesen Raum kann keine Liebe einziehen. Ich kann diesen Bären in seiner Heimat in Kanada sehen. Er ist nicht gleich beim ersten Schuss gestorben, bis zu seinem Tode hat er sich sehr gequält.« Noch am selben Tag habe ich das Fell einem Freund überlassen, der dafür einhundert Euro an eine Auffangstation für Zirkusbären in Brandenburg spenden musste. Ein bisschen fies, jetzt musste er sich mit dem schlechten Karma des Fells rumschlagen. Ich habe es ihm verschwiegen, bis heute. Das Bild des leidenden Bären ging mir jedenfalls nicht mehr aus dem Kopf! Wir hatten wieder etwa die Hälfte des Hauses hinter uns gebracht, als

Casmina und ihr Medium meinten, sie schafften das auch nicht zu zweit, sie bräuchten die Kraft der Steine. Ich war schon drauf und dran im Garten nach ein paar schönen Exemplaren zu suchen, aber so gewöhnliche Steine meinten die beiden leider nicht. Heilsteine mussten es sein. Und wer jetzt glaubt, dass es gar nicht einfach sei, an Heilsteine und Kristalle zu kommen, der irrt. In Berlin ist wirklich alles möglich. Es gab tatsächlich einen Heilsteingroßhandel, der alles anbot, was das Esoterikerinnenherz begehrt. Dort fuhren wir hin, zu dritt in meinem Porsche. Casmina hatte beim erneuten Rundgang durch Haus und Garten eine lange Einkaufsliste zusammengestellt: Rosenquarze, Opale, Malachiten, Amethysten, Bergkristalle, sie alle sollten helfen, mein Haus bewohnbar und mich glücklich zu machen. Beim Heilsteingroßhändler war an diesem Samstagnachmittag ähnlich viel los wie sonst nur bei Ikea. In den meterhohen Regalen standen Unmengen an Kristallen, auf dem Hof gab es riesige Metallcontainer voll mit Heilsteinen aller Art. Ich war, wie die Amerikaner sagen, awestruck und staunte ehrfürchtig. Ganz begreifen konnte ich diese Szenerie nicht. Casmina packte hier und dort etwas ein, ehe wir zu den Rosenquarzen kamen. Sie schienen für die Reinigung von großer Bedeutung zu sein, denn davon brauchten wir besonders viele. Sie lagen auf einen unfassbar großen Haufen in einer Ecke des Außenbereichs. Casmina befahl mir, hineinzusteigen, die richtigen Steine zu fühlen und sie ihr dann anzureichen. Ich selbst müsse entscheiden, welche Rosenquarze mir bei meinem Problem würden helfen können. Ohne auch nur eine Sekunde zu zögern, kletterte ich auf die Steinhalde und suchte einen Rosenquarz nach dem anderen heraus, bis wir die laut Casmina passende Anzahl beisammen hatten. Ich zahlte für den gesamten Einkauf mehrere hundert Euro. Bislang hatten mich die Steine also noch nicht glücklicher, dafür aber ärmer gemacht. Anschließend ging es in meinem Porsche mit Vierradantrieb voll bepackt zurück – im Schneckentempo. Mit drei Passagieren und den Steinen vorne im Kofferraum kam der Wagen auf nicht mehr als sechzig Stundenkilometer, und er lag verdammt tief auf der Straße. Als wir nach gefühlten Stunden bei mir zu Hause ankamen, verteilten wir die Steine nach Casminas Anweisung in sämtlichen Räumen und im Garten. Dabei mussten unbedingt alle Fenster geöffnet sein, damit die bösen Energien ungehindert abziehen konnten. Als das erledigt war, sagte Casmina:»So, wir gehen jetzt mal in dem Café die Straße runter ein Stück Kuchen essen und sind in einer Dreiviertelstunde zurück.« Da saß ich dann, wieder allein, im Durchzug, ohne Bärenfell, aber mit Unmengen von Steinen in jedem Raum. Ich weiß bis heute nicht, was mich damals geritten hat. Geholfen hat die ganze Aktion ehrlich gesagt nämlich rein gar nichts. Weder zog die Liebe in mein Schlafzimmer ein – was nicht an dem Bärenfell gelegen hatte, sondern daran, dass mich in Dahlem kein Typ besuchen kam – noch wurde ich insgesamt in diesem Haus glücklicher. Am Ende habe ich es also doch verkauft. Bis heute ist die Geschichte ein running gag bei meinen Freunden und auch bei mir. Ich muss lauthals lachen wenn ich daran denke oder sie erzähle. Und allein das ist der ganze Zauber wert gewesen!

Hat jemand einen ähnlichen Sinn für Humor wie wir selbst, fühlen wir uns mit ihm direkt verbunden, es intensiviert die Beziehung. Menschen und Situationen mit Humor zu begegnen, ist also ziemlich stylish – und auch noch gesund. Die Wissenschaft hat eine Liste positiver Auswirkungen von Humor zusammengetragen. Lachen unterstützt demnach die physische und psychische Genesung, stärkt die Abwehrkräfte, gibt Selbstvertrauen, erhöht die Konzentration, fördert Kreativität, Motivation, Neugier und die Freude am Leben. Humor hilft beim Aufbau guter Beziehungen, erhöht unsere Anziehungskraft und hilft uns dabei, unsere Gefühle zu regulieren. Das liest sich doch wie der Beipackzettel einer Superpille. Heitere Menschen werden laut Studien zudem eher befördert und verdienen mehr. Unternehmen, in denen eine humorvolle Atmosphäre herrscht, machen offenbar sogar mehr Umsatz. Grundvoraussetzung für all diese positiven Folgen von Humor ist, dass er nicht auf Kosten anderer geht. Sich über Menschen auf niederträchtige Weise lustig zu machen, sie zu verhöhnen, zu verletzen oder zu diskriminieren, hat auch unter der Flagge des Humors keinerlei Style. Allerdings ist die Grenze zur Satire fließend. Humor, der menschliche Schwächen amüsant darstellt und der sich moderat über das Verhalten einer Person lustig macht, eben ohne sie massiv zu beleidigen, hat durchaus positive Aspekte. Dieser Form des Humors liegt die Idee zugrunde, die Welt durch seine Sichtweise aufzurütteln, sie zu verbessern und die Menschen zum Nachdenken anzuregen. Wenn wir uns an diese humoristischen Verhaltensregeln halten und unsere Mitmenschen wie uns selbst regelmäßig zum Lachen bringen, gelingt es uns nicht nur, ein entspannteres Leben miteinander zu führen, sondern auch ein stilvolleres.

Mit Optimismus durchs Leben

Für ein gutes und stilvolles Leben ist Humor – von der Selbstironie über Sarkasmus und Satire bis hin zur Situationskomik – also unabdingbar. Doch was ist eigentlich ein gutes Leben? Kann es auf diese Frage eine objektive Antwort geben? In der Antike kannte man dafür zwei unterschiedliche Ansätze. Das eine gute Leben war durch Genuss und Freude gekennzeichnet, das andere durch Sinnhaftigkeit und Tugenden. Für mich liegt die Antwort auf die Frage nach einem guten Leben in der Ausgewogenheit beider Ansätze, einer Mischung. Das Wort Hedonismus hat heute leider einen ziemlich schlechten Ruf. In den Augen vieler ist ein Hedonist jemand, der nicht gerne arbeitet und es sich stattdessen gutgehen lässt. Jemand, der das Leben feiert und nichts anders im Kopf hat als Sex, Drugs und Rock'n'Roll. Für mich bedeutet Hedonismus aber vielmehr, sich ein gutes Leben zu machen, ohne seine Aufgaben, Ziele und Verpflichtungen zu vernachlässigen. Es ist die philosophische Form des Hedonismus. Ihr Grundgedanke ist es, am Ende eben zurückblicken zu können und nichts zu bereuen. Nicht zu denken, man habe irgendetwas verpasst. Für mich besteht darin der eigentliche Sinn des Lebens, und nicht in der Anhäufung materieller Werte. Leider gewinnen diese für viele Menschen immer mehr an Bedeutung. Wir leben individualisierter als früher und sind selbst dafür verantwortlich, was aus uns wird. Gemeinschafts- und Zugehörigkeitsgefühle lassen mehr und mehr nach. Das können wir als gegeben hinnehmen, oder aber wir gehen positiv an die Dinge heran und versuchen, es in unserem Leben besser zu machen. Für mein Leben ist neben meiner mich erfüllenden Arbeit das Wichtigste, von Menschen umgeben zu sein, die ich mag, und mit ihnen eine schöne Zeit zu verbringen. Das gibt mir ein positives Lebensgefühl und die Kraft für alles, was ich tue.

Ginge ich jeden Morgen beim Aufstehen gleich vom Schlechtesten aus, könnte ich auch direkt liegen bleiben. Es würde mir doch jeglichen Mut nehmen, Neues anzupacken, meine Neugier zu befriedigen und mich weiterzuentwickeln. Wer auch in Rückschlägen noch etwas Gutes sieht, geht mit einem ganz anderen Selbstwertgefühl und mit viel mehr Stil durchs Leben als der ewige Pessimist, der immer mit dem Schlimmsten rechnet. Eine gesunde Skepsis mag uns vor allzu großen Niederlagen schützen, wenn wir aber immer davon ausgehen, enttäuscht zu werden, wird vermutlich genau das passieren. Das Glas ständig als halb leer zu betrachten, wirkt sich negativ auf die Lebensqualität aus. Die Schwarzseherei kann sogar der Gesundheit schaden. Untersuchungen haben ergeben, dass Gedanken und Gefühle das Immunsystem beeinflussen. Laut einer US-Langzeitstudie laufen Pessimisten eher Gefahr, Herzprobleme zu bekommen, als Optimisten. Nur, weil ich eine positive Einstellung zum Leben habe, bin ich noch lange nicht naiv. Doch es hilft mir, neugierig und offen an neue Situationen und Herausforderungen heranzugehen, sie anzunehmen und mich auszuprobieren. Wer stattdessen ständig jammert, über verpasste Chancen oder das Leben und die Gesellschaft an sich, gibt seinem Denken eine negative Grundrichtung vor. Er erzieht sein Gehirn dazu, pessimistische Gedanken den optimistischen vorzuziehen. Wir alle jammern mal, davon kann sich keiner freisprechen, doch darf das nicht die Regel werden. Damit schaden wir nicht nur uns selbst, wir gehen auch anderen damit gehörig auf den Nerv. Und zwar so lange, bis uns niemand mehr zuhören mag. Jammern verschwendet die eigene Energie und die aller Personen in unserem direkten Umfeld. Vor lauter Wehklagen kommen wir nicht mehr dazu, nach echten Lösungen für unsere Misere zu suchen. Das hat keinen Stil. Wenn wir uns immer nur jammernd im Kreis und um uns selbst drehen, wie sollen wir da einen Ausweg finden? Gesünder, effektiver und stilvoller ist es, auch mal mit weniger zufrieden zu sein, sich auch mal mit den Gegebenheiten abzufinden. So manche Situation können wir nicht ändern, dazu fehlt uns die Macht. Deswegen sollten wir mit den Veränderungen bei uns selbst anfangen, damit sich etwas bewegt.

Ritualisierte Freiheit

Jeden Tag rufen wir eine Vielzahl von Routinen ab, sich wiederholende Prozesse, derer wir uns selbst nicht bewusst sind. Sie sind die kleinen Bestandteile des Automatismus, der unser Leben strukturiert. Meine Angewohnheit, Gegenstände in bestimmten Abständen zueinander oder in rechten Winkeln anzuordnen, ist eine Routine. Okay, manche würden es vielleicht auch als Tick oder leichte Neurose bezeichnen ... Nicht verwechseln dürfen wir sie aber mit Ritualen, die wir bewusst wählen, um unserer Leben schöner zu gestalten. Wenn ich am Morgen aufstehe – an normalen Wochentagen immer zu derselben Uhrzeit –, öffne ich erst mal das Fenster im Schlafzimmer und lüfte durch. Vollkommen unabhängig von der derzeitigen Wetterlage. Anschließend gehe ich kurz ins Badezimmer und stelle dann in der Küche den Wasserkocher an. Während er tut, was ein Wasserkocher eben tut, gehe ich zu meinem Laptop, schalte ihn ein und lasse ihn hochfahren. Ich finde es unerträglich, dabei vor dem Gerät sitzen zu bleiben, dafür bin ich zu ungeduldig. Also gehe ich stattdessen zurück in die Küche, denn das Wasser kocht. Ich gieße mir meine erste Tasse Earl Grey auf, ein Ritual, das ich mir aus meiner Zeit in London bewahrt habe. Habe ich die Tasse ausgetrunken, ist mein Bett im Schlafzimmer ausreichend durchgelüftet. Also schlage ich Kissen und Bettdecke auf, lege sie in Position und streiche Laken und Tagesdecke glatt, bis alles perfekt und faltenfrei ist. Dann freue ich mich darüber, diese erste Pflicht des Tages, dieses Ritual, erledigt zu haben. Im Anschluss an die darauffolgende Körperpflege sitze ich schließlich pünktlich um zehn Uhr hinter meinem Schreibtisch im Büro. Kommt mal etwas dazwischen und ich verspäte mich um eine Viertelstunde, habe ich den gesamten Tag über das Gefühl, diese fünfzehn Minuten irgendwie wieder aufholen zu müssen.

Genau wie ich ist der Mensch im Allgemeinen ein Gewohnheitstier. Unsere Rituale und Routinen geben unserem Alltag eine Form, und dagegen ist grundsätzlich nichts einzuwenden. Nur sollten wir in der Lage sein, uns auch mal aus den festen Strukturen zu befreien. Wir bewegen uns dauerhaft in einem Spannungsfeld zwischen Veränderung und Gewöhnung. Immer wieder haben wir das Gefühl, in einer Zeitschleife festzuhängen, viele Dinge machen wir ganz automatisch, ohne erst lange darüber nachzudenken. Aus gutem Grund. Das menschliche Gehirn ist neuesten Forschungen zufolge nämlich ein erstaunlich faules Organ. Gewohnheiten helfen ihm dabei, seine Arbeit zu reduzieren, die äußeren Reize zu sortieren und die unwichtigen herauszufiltern. Nur darf dieser Prozess nicht überhandnehmen. Dann erstarren wir in der Gewohnheit. Wir sollten die so gewonnenen Ressourcen stattdessen sinnvoll an anderer Stelle einsetzen. Zudem sind nicht alle Routinen automatisch gut für uns. Wenn wir uns ausnahmsweise beim Bäcker ein Croissant fürs Frühstück holen, ist das okay. Machen wir das bald täglich, ohne das Croissant überhaupt noch richtig wahrzunehmen und zu schmecken, bringt uns diese Routine nichts als ein paar Kilo mehr auf der Waage und einen unschönen Bauchansatz.

Die Vernunft darf aber dennoch nicht über die Freude am Leben siegen. Tabubrüche und Grenzüberschreitungen werden immer seltener. Ständig sind wir damit beschäftigt, alles richtig zu machen. Gesunde Ernährung, Sport, keine Zigaretten, kein Rausch, keine Sünde. Wir tun alles, um unser Leben zu verlängern. Doch was für ein Leben soll das sein, in dem wir nicht auch mal aus den Gewohnheiten ausbrechen und über die Stränge schlagen? Das ist doch wie Kaffee ohne Koffein, zuckerfreie Cola oder alkoholfreies Bier. Es ist vielleicht gesünder, aber todlangweilig. Das Leben kann nicht jeden Tag ein Abenteuer sein, es sei denn, man ist Extremsportler oder Modedesigner. Und selbst dann ... Damit wir beweglich bleiben, müssen wir die Freiheiten, die uns unsere Gewohnheiten verschaffen, sinnvoll nutzen. Denn auf der anderen Seite dreht sich die Welt immer schneller, Wandel ist unser ständiger Begleiter, und um den Anschluss nicht zu verlieren, müssen wir bereit sein zu improvisieren. Wenn wir einmal erkannt haben, wie sehr wir Sklaven unserer Gewohnheiten sind, schlägt der Mangel an Flexibilität schon mal ins Gegenteil um. Dann kann es uns nicht extrem genug sein, wir suchen das Intensive, jagen der besonderen Erfahrung hinterher. Marathonläufe unter Extrembedingungen,Fallschirmsprünge aus vierzig Kilometern Höhe. Ein bisschen ergeht es uns dann wie der von Edward Norton gespielten Hauptfigur in *Fight Club*. Als ihm die Konformität seines Lebens bewusst wird, das wie ein Ei dem anderen jenem seiner Kollegen gleicht, bricht er aus, um sich in dunklen Kellerräumen mit fremden Männern zu prügeln, denen es vermutlich genauso geht. Am Ende ist er zerrissen zwischen zwei in ihm lebenden Persönlichkeiten, dem namenlosen Gewohnheitstier und dem Gefahrensucher Tyler Durden. Der Königsweg wäre vielleicht ein bisschen von beidem, Versicherungsangestellter und Faustkämpfer – um bei dem *Fight-Club*-Beispiel zu bleiben –, so könnte die Lösung des Problems aussehen. In meinem Fall gewaltfrei, die Faustkämpfe sind dann eher mal ausgelassene Party-abende mit meinen Freunden. Besser ab und zu Vollgas fahren, als das ganze Leben mit angezogener Handbremse vor sich hin zu tuckern. Wer immer nur das gesunde Mittelmaß lebt, dem gehen die Kontraste flöten. Umgekehrt verlieren wir das Gefühl für das Besondere, wenn wir uns grundsätzlich am Limit bewegen. Durch die richtige Mischung gelingt es uns, ein erfülltes und stylishes Leben zu führen.

Moderate Mittelwege

Kompromisse gehören wie erwähnt im Leben dazu. Ohne sie könnte unser System der Demokratie nicht funktionieren. Das haben die schier endlosen Sondierungsgespräche der Bundestagswahl 2017 deutlich gezeigt. Ohne ein gegenseitiges Entgegenkommen würde unsere Gesellschaft auseinanderbrechen. Wir könnten uns auch für ein Leben als Eremit in den Wald zurückziehen. Doch selbst da müssten wir uns mit der Natur arrangieren beziehungsweise uns ihr unterwerfen. Besonders kompromissbereit ist die nämlich nicht. Im Grunde ist ein Kompromiss eine Übereinkunft zwischen zwei Parteien, bei der auf beiden Seiten Zugeständnisse gemacht werden, um zu einer Lösung zu kommen. Leider sind nur die wenigsten Kompromisse wirklich der angestrebte Mittelweg, oft beugt sich eine Partei mehr als die andere. Kooperationsbereitschaft ist gut, solange wir dafür nicht all unsere Prinzipien verraten. Wie viele Zugeständnisse sind also noch im Rahmen, und wo ist die Grenze zur Selbstaufgabe, die wir für das Wahren unseres Styles besser nicht übertreten sollten? Ich bin grundsätzlich äußerst kompromissbereit, und doch habe ich klare Grenzen. Mit Menschen, die eine politische Haltung vertreten, die mit meiner eigenen in keiner Weise übereinstimmt, will ich mich nicht auseinandersetzen. In dem Fall gibt es kein Entgegenkommen meinerseits, jedes weitere Gespräch ist überflüssig. Aber es gibt genug andere Bereiche, in denen Kompromisse sinnvoll sind und niemandem wehtun. Wollen ein Veganer und ein Fleischliebhaber gemeinsam essen gehen, wählen sie am besten ein Restaurant, in dem beide auf ihre Kosten kommen. Sowohl das Steakhaus als auch eine rein vegane Küche scheiden aus. Ist beim Einkaufen unser Lieblingskaffee mal nicht verfügbar, nehmen wir eben ausnahmsweise einen anderen, ohne groß darüber nachzudenken. Ein Kompromiss ist diese Entscheidung trotzdem. Nicht anders ist es immer mal wieder im Job. Hätte ich grundsätzlich versucht, meine Wünsche und Ziele zu einhundert Prozent durchzusetzen, wäre so manche Kooperation sicher nie zustande gekommen. Ich verreise außerdem lieber mit Freunden als allein, also mache ich auch hier ohne Probleme Zugeständnisse. Wenn man sich austauscht, findet man immer ein Reiseziel, das die Wünsche aller Beteiligten berücksichtigt. Der gute Kompromiss beruht also darauf, dass alle Parteien sich einigen, ohne ihr Gesicht zu verlieren. Ich finde allerdings, dass wir in Punkten, die unsere Persönlichkeit betreffen und sie womöglich sogar beschneiden könnten, keine Kompromisse machen dürfen. Ein Kompromiss muss lebbar sein. Erwartet mein Partner, dass ich für ihn nach Malmö ziehe, obwohl ich mir ein Leben in dieser Stadt nicht vorstellen kann und dort auch keine Perspektive für mich sehe, kann ich darauf nicht eingehen. Egal, wie wichtig mir dieser Mensch ist, ob er mir die Wahl des Viertels oder der Wohnung überlässt und mir an anderer Stelle entgegenkommen möchte. Das Zurückstecken darf kein Opfer, sondern maximal eine Alternative sein, bei der nicht das Gefühl von Verlust entsteht. Es geht also auch hier darum, Haltung zu zeigen, seinem Stil treu zu bleiben und für seine Ideale einzustehen. Wir sollten in den für uns relevanten Bereichen unseres Lebens konsequent sein und nicht jede Banalität bis ins Detail ausdiskutieren, um alle Beteiligten zufriedenzustellen. Und wir sollten nicht zu oft einknicken, nur um einem Streit aus dem Weg zu gehen. Wenn wir immer nur nach dem besten Kompromiss für alle suchen, hören wir ganz schnell auf, unsere Standpunkte und Überzeugungen zu verteidigen. Es ist doch auffällig, das die Worte ›Kompromiss‹ und ›kompromittieren‹ – also jemanden bloßstellen – so nah beieinander liegen. »Der Klügere gibt nach«, wie oft haben Sie diesen Satz als Kind von Ihren Eltern gehört, wenn Sie mit den Geschwistern oder Nachbarskindern Streit hatten? Kein guter Rat, denn am Ende führt er nur dazu, dass der Dümmere ständig seinen Willen bekommt. Klare Grenzen zu ziehen und seine Haltung zu untermauern, das hat Stil. Nur dann werden wir ernst genommen und wirken nicht wie ein leicht zu beeinflussendes Fähnchen im Wind.

Älter werden mit Stil und Freude

Was bedeutet das überhaupt? Als Teenager kam uns ein Mensch über dreißig irrsinnig oll vor. Mit fünfundzwanzig empfanden wir alle ab fünfzig irgendwie angestaubt. Inzwischen bin ich selbst laut meines Personalausweises in diesem Alter, mental aber meist noch immer Mitte zwanzig. Nichts hat sich an meinen Gefühlen zu mir und meiner Umwelt verändert. Laut der Forschung fühlen wir uns tatsächlich bis fünfundzwanzig meist älter als wir sind, danach kehrt sich dieses Gefühl ins Gegenteil um. Von diesem Moment an sind wir im Kopf durchweg jünger als auf dem Papier. Wir haben über die Jahre einiges an Lebenserfahrung hinzugewonnen. Ab einem gewissen Alter wissen wir besser, was wir wollen und was nicht, und das Leben hat uns auch äußerlich gezeichnet. Aber an meiner Einstellung zum Leben, an meiner Neugierde und meiner Ungeduld hat sich in all der Zeit kaum etwas verändert.

Wissenschaftler haben herausgefunden, dass Menschen, die sich erheblich jünger fühlen, gesünder sind und länger leben als die, deren Inneres gemeinsam mit ihrem Körper gealtert ist. Ein Grund mehr, den Teenager und den Twen in uns nicht zu unterdrücken. In Anwesenheit meiner Eltern kann ich sogar das Kind in mir noch gut spüren. Kommt meine Mutter zu Besuch, versteckt sie seit Jahr und Tag grundsätzlich zwei Fünfzig-Euro-Scheine unter meinem Kopfkissen. Die finde ich dann meistens in der Nacht nach ihrer Abreise, weil mich etwas im Nacken pikst und mich nicht schlafen lässt. Rufe ich sie am nächsten Morgen an, um ihr wieder einmal zu sagen, dass diese Finanzspritze wirklich nicht mehr nötig ist, antwortet sie mir wie früher schon in verschwörerischem Ton: »Dein Bruder hat auch was bekommen. Kauf dir dafür was Schönes, aber sag's nicht dem Papa.« Ich finde das ja ganz herzzerreißend, doch wie soll man da erwachsen werden? Einer meiner besten Freunde plant für mich und den Rest unserer Clique, fürs Alter vorzusorgen. Er möchte ein Haus kaufen, in dem wir später alle gemeinsam leben und uns umeinander kümmern können. Das ist eine tolle Idee und hat meiner Meinung nach sehr viel Style. Er ist nicht einfach nur sich selbst der Nächste, sondern bezieht uns mit ein. Er plant eine Art privates Altersheim, in dem jeder eine eigene Wohnung bekommt, behindertengerecht und mit einem zusätzlichen Zimmer, falls professionelle Pflege benötigt wird. Bei dem Gedanken daran, später nicht allein zu sein, die liebsten Menschen um mich herum versammelt zu wissen, freue ich mich beinahe auf den Moment, wenn es so weit ist. Aber gerade in unserer Gruppe ist die Kompromissfindung so eine Sache - ich befürchte, wir werden uns frühestens mit neunzig auf einen Ort, ein Objekt und einen Baustil geeinigt haben.

Die meisten von uns lehnen ihr Alter von einem gewissen Zeitpunkt an ab. Bei dem einen passiert das früher, bei dem anderen später. Doch warum überhaupt? Wir altern heute gesünder und jünger als je zuvor. Wir sollten uns also nicht krampfhaft dagegen wehren. Die Art und Weise, wie wir älter werden und mit den Veränderungen umgehen, hat viel mit unserer Würde und mit Stil zu tun. Ich habe überhaupt nichts dagegen, wenn man dem äußeren Alterungsprozess mit kleinen Korrekturen entgegenwirkt. Wenn uns Botox und Hyaluron dabei helfen, uns besser zu fühlen, bitte schön. Nur: Wer es übertreibt, das Maß überschreitet und dann wie eine schlechte Karikatur seines jüngeren Ichs aussieht, hat seine Würde verloren. Das hat keinen Style und ist vor allem völlig unnötig. Dass das Alter heute anders wahrgenommen wird als noch vor einigen Jahren, zeigt doch schon der zunehmende Trend älterer Models. Als ich 2011 als erster Designer die damals 64-jährige und nach wie vor wunderschöne Evelyn Hall für die *StyleNite* buchte, ging es damit gerade los. Heute ist sie mit über siebzig ein international gefragtes Topmodel. Inzwischen gibt es Agenturen, die nur davon leben, Senior Models zu vermitteln. An jeder Ecke sieht man auf den Plakaten Männer mit grauen Bärten und Frauen mit schlohweißem Haar und sympathischen Lachfältchen. Ich finde das toll, denn es unterstützt

70

meine Ansicht, dass Stil nur wenig mit Äußerlichkeiten zu tun hat, sondern vor allem mit einer inneren Haltung. Wem es gelingt, sich selbst auf Dauer treu zu bleiben, authentisch zu sein und sich auch im Alter neuen Herausforderungen mit Neugier zu stellen, der hat in Sachen Style vieles richtig gemacht.

DIE SPRACHE
MACHT DEN STIL

Wir Menschen sind Individuen und soziale Wesen zugleich. Trotz aller Selbstbestimmung brauchen wir Freunde und Bekannte um uns herum, denn wir definieren uns ebenso über sie wie über die übergeordnete Gesellschaft, in der wir leben. Unsere Sprache ist, dank unseres weitentwickelten Gehirns, etwas, das uns von allen anderen Spezies auf dieser Erde unterscheidet. Mit ihr drücken wir unsere Emotionen und Gedanken aus, sie führt uns Menschen zusammen. Ohne soziale Kontakte und gute Gespräche gehen wir ein wie eine trockengelegte Primel. Mich inspiriert der Austausch mit meinen Freunden, Bekannten, meinen Mitarbeitern und den meisten anderen Menschen, die ich in meinem Leben treffe. Eher selten nehme ich dabei ein Blatt vor den Mund. Ich mag ehrliche, offene Gespräche, im Privatleben genauso wie im Job. Wie wir mit anderen umgehen und reden, ist nämlich Ausdruck unserer Persönlichkeit. Es geht nicht nur um die Worte, die wir wählen, sondern auch um Gestik, Mimik, um Körpersprache. Das Gesamtpaket zeigt, ob wir Style haben oder nicht. Begegnen wir anderen Menschen auf Augenhöhe und mit dem größtmöglichen Respekt? Wie stilvoll verhalten wir uns Fremden gegenüber – im Restaurant, auf der Straße und im Nachtleben? Was macht echte Freundschaften aus, und wie pflegen wir sie, damit sie lange halten? Sind wir in der Lage, Kritik von anderen anzunehmen und ihr selbstreflektiert zu begegnen? Und auf welche Weise beeinflusst Social Media unsere Kommunikation miteinander? All diese Fragen stellen sich, wenn wir versuchen, ein stylisheres Leben zu führen. Bei aller Selbstbestimmung ist für die Einordnung unseres Stils in Sachen Kommunikation ein Gegenüber notwendig. Voraussetzung ist also immer erst einmal ein grundsätzliches Interesse an anderen Menschen.

Eine Chance für den zweiten Eindruck

Meistens benutzen wir Sprache, ohne groß darüber nachzudenken, und senden so auch immer wieder mal Signale aus, die missverständlich sind. Das lässt sich kaum vermeiden. Respekt, Akzeptanz, Verständnis und eben echtes Interesse am Gegenüber sind allerdings die Grundvoraussetzungen für einen stilvollen Umgang miteinander. All das sind Dinge, die uns im besten Fall schon unsere Eltern mit auf den Weg gegeben haben. Als Kind nehmen wir uns ihre sozialen und emotionalen Kompetenzen schließlich zum Vorbild. Meine Eltern haben mich dazu erzogen, dass es keine Rolle spielt, woher man kommt, wie man aussieht oder wen man liebt. Es kommt darauf an, wie man sich verhält. Sie haben mir beigebracht, meinen Träumen zu folgen und mich dabei nicht von anderen beeinflussen zu lassen. Auf diese Weise konnte ich Neugierde und Selbstbewusstsein entwickeln, die beiden Merkmale, die meine Kommunikation mit anderen und meine Persönlichkeit bestimmen. Dank meiner Eltern ist es für mich kein Problem, offen auf Menschen zuzugehen und mich für sie zu interessieren. Doch Kommunikation unterliegt auch der persönlichen Entwicklung sowie dem sozialen Wandel. Das stellt uns immer wieder vor große Herausforderungen, vor allem im zwischenmenschlichen Bereich. Und all der Aufgeklärtheit unserer modernen Welt zum Trotz sind wir bis heute nicht vor Denkfehlern und Vorurteilen gefeit.

»You never get a second chance to make a first impression.« Experten sind sich uneins, von wem diese Aussage ursprünglich stammt. Oscar Wilde, Mark Twain oder doch Arthur Schopenhauer? Wer auch immer es war, er hatte recht: es Es gibt nun einmal keine zweite Chance für einen ersten Eindruck. Leider, denn aus diesem Umstand heraus neigen wir dazu, vorschnell über andere zu urteilen. Immer wieder lassen wir uns bei der ersten Begegnung mit einem Menschen von dessen Äußerem beeinflussen. Im vorletzten Jahrhundert glaubte man noch an die pseudowissenschaftliche These, das Gesicht eines Menschen sage etwas über dessen Charakter aus. Stirnhöhe, Nasengröße, Kopfform und Breite des Mundes sollten Aufschluss über Willenskraft, Charakterstärke und Intelligenz geben. Heute wissen wir, dass das kompletter Blödsinn ist, trotzdem entscheiden unterbewusste Prozesse darüber, ob uns jemand sympathisch ist oder nicht. Es reichen uns ein schräger Blick, ungeschickte erste Worte oder unpassend gewählte Kleidung, um jemanden innerhalb von Sekunden in irgendeine Schublade zu stecken. Anschließend ist es nicht mehr so leicht, ihn aus dieser Schublade wieder herauszubekommen; ebenso schwer ist es für den Betroffenen selbst, sich daraus zu befreien. Dabei ist es nur fair, einem Menschen – trotz erster Antipathie – respektvoll und aufgeschlossen gegenüberzutreten.

Vielleicht irren wir uns ja? Möglicherweise werden wir positiv überrascht. Abwenden können wir uns immer noch, wenn derjenige auch auf den zweiten und dritten Blick nicht zu uns und unserem Lebenskonzept passt. Dann ist es an der Zeit, selbstbestimmt Adieu zu sagen. Stil ist nämlich auch, unsere begrenzte Lebenszeit nicht an Menschen zu verschwenden, die uns weder emotional berühren noch auf irgendeine Weise inspirieren. Doch sollten wir uns nicht von unserer vermeintlichen Menschenkenntnis ins Bockshorn jagen lassen. Unsere Intuition kann uns durchaus mal einen Streich spielen. Komplexe Aussagen brauchen eben ihre Zeit. Und die Fehlerquote ist bei ersten Urteilen extrem hoch. Wie soll sich auch in nur ein paar Sekunden herauskristallisieren, wie kreativ, offen, kooperativ, anstrengend oder kritisch jemand ist? Ob der Gesprächspartner einen besonders schlechten oder guten Tag hat? Wir erkennen höchstens, ob wir einen extrovertierten oder in sich gekehrten Menschen vor uns haben. Und selbst das kann sich schon nach dem dritten Glas Wein ins Gegenteil umkehren.

An einem Abend bei Freunden lernte ich einen hübschen Kerl namens Marius, Markus, Magnus oder so ähnlich kennen, den einer der anderen Gäste im Schlepptau hatte. Er hatte irgendeinen Job in der Filmbranche und schien eloquent und gebildet zu sein. Er drückte sich gut aus, war witzig und charmant. Ich freute mich auf einen unterhaltsamen Abend an seiner Seite, doch schon eine Stunde später war alles anders. Ich kann nicht genau sagen, ob es an dem Wein lag, den er mit großen Schlucken in sich hineinkippte, oder an den Gläsern, die ich selbst trank. Auf einmal schwadronierte Marius, Markus oder so ähnlich nur noch vor sich hin, redete ohne Punkt und Komma, und ausschließlich von sich selbst. Er stellte niemandem in der Runde auch nur eine einzige interessierte Frage. »Neulich war ich auf dieser super exklusiven Party von Til Schweiger. Nur geladene Gäste, alles megageil. Ich kannte mindestens jeden zweiten. Mit vielen davon habe ich schon gearbeitet. Schweighöfer, M'Barek, Becker, Liefers, Vogel und wie sie alle heißen. Wir sind alle so«, sagte er und überkreuzte Zeige- und Mittelfinger seiner rechten Hand, die er mir demonstrativ vor die Nase hielt. »Auf solchen Events machst du die besten Deals, sag ich dir. Wenn du so ganz locker per Du mit den Größten aus der Branche am Tresen stehst, was die dir alles für Sachen erzählen. Du glaubst es nicht. Ich habe eben ein einnehmendes Wesen, die Leute vertrauen mir direkt ihre intimsten Geheimnisse an.« Ein solches Geheimnis gab er dann auch gleich zum Besten. Aus dem kommunikativen Charmeur war ein unfassbarer Schwätzer geworden. Er sprach zu laut, zu schnell, zu viel Unsinn und drängte sich unentwegt in den Mittelpunkt. Um dem Ganzen die Krone aufzusetzen, erzählte er schließlich noch eine haarsträubende Geschichte, die er mit einem der Schauspieler erlebt haben wollte. »Du glaubst es nicht, das war wirklich unfassbar. Also wir waren da in diesen angesagten Promi-Club, als der andere, dieser Blonde, reinkam. Im Arm seine neue Freundin. Das fand der Dingens jetzt nicht so gut, weil er war vorher mit der zusammen. Wir hatten gerade die dritte Flasche Champagner aufgemacht und waren eigentlich echt gut drauf. Da kommt der Typ rüber, und du kannst dir nicht vorstellen, was dann abging. Also ...« Völlig entnervt entschuldigte ich mich noch während dieser wirklich unfassbaren Story wortkarg und verschwand auf die Toilette. Dort rief ich den betreffenden Schauspieler, den auch ich zufällig kannte, kurzerhand an. Er bestätigte, was ich längst ahnte. Magnus, Marius oder so ähnlich war ein Aufschneider. Das gemeinsame Erlebnis war offenbar frei erfunden, ebenso wie vermutlich alles andere, womit er an diesem Abend unsere Zeit verschwendet hatte. Zurück am Tisch erzählte ich vor versammelter Runde von dem Telefonat auf der Toilette. Noch nie habe ich jemanden derartig schnell in sich zusammenfallen sehen. Magnus, Markus oder so ähnlich murmelte noch etwas von einer Verwechslung. »War womöglich doch ein anderer Schauspieler, wir waren ja alle sehr betrunken. Oder er war Krankenpfleger. Vielleicht war das auch gar nicht in Berlin, es könnte auch in München gewesen sein. Oder in Duisburg.« Dann dauert es noch etwa zehn Minuten, bis er sich unter einem Vorwand verabschiedete. Natürlich kann so etwas immer wieder passieren, es gehört zum Leben und zum Lernprozess dazu: Man lässt sich von dem positiven ersten Eindruck eines Menschen täuschen und wird dann eines besseren belehrt.

Doch ich habe es auch schon andersherum erlebt. Ein Mensch, den ich über Jahre zutiefst verabscheut habe, obwohl ich nichts über ihn wusste, ist heute einer meiner engsten Freunde. Wir liefen uns dank eines gemeinsamen Bekannten immer mal wieder über den Weg, wechselten aber nie auch nur ein einziges Wort miteinander. In meinem Kopf aber hatte ich ein vorgefertigtes Bild von ihm, und das war alles andere als schmeichelhaft. Heute weiß ich, dass diese abgrundtiefe Ablehnung auf Gegenseitigkeit beruhte. Ich mochte nicht, wie er aussah, was er trug, wie er sich bewegte, wie er redete und gestikulierte, und ihm erging es mit mir nicht anders. Aufgrund einer oberflächlichen Einschätzung waren wir uns schlicht zuwider. Eines Tages liefen wir uns dann sogar auf Ibiza über den Weg: Bei uns beiden war der Fluchtreflex groß, als wir auf einer Cocktailparty in der Hotelsuite eines gemeinsamen Bekannten aufeinandertrafen. Weder er noch ich hatten in diesem Moment vor, länger als eine halbe Stunde mit dem jeweils anderen in einem Raum zu verbringen. Da der Balkon, auf den man sich zum Rauchen zurückziehen musste, recht winzig war, standen wir wenig später ungewollt eng nebeneinander – und kamen gezwungenermaßen ins Gespräch. Ich kann nicht einmal mehr sagen, worüber wir redeten, aber wir haben bis heute nicht mehr damit aufgehört. Er ist zu einer der wichtigsten Bezugspersonen in meinem Leben geworden und begleitet mich nun bereits seit über fünfzehn Jahren. Um keinen Preis der Welt möchte ich diesen Menschen mehr missen. Nicht auszudenken also, was ich verpasst hätte, wäre ich einfach meinem oberflächlichen ersten Eindruck auf den Leim gegangen.

Der erste Eindruck ist immer oberflächlich, aber dennoch nicht nutzlos. Es mag erstrebenswert klingen, völlig unvoreingenommen auf Fremde zuzugehen, doch kann uns der erste Eindruck das Leben retten. Die schnelle Einschätzung eines Menschen ist Teil der Evolution, aber eben nicht mehr als ein grober Anhaltspunkt. Ob uns mit der Person gegenüber etwas verbindet, aus einer Bekanntschaft eine Freundschaft wird, zeigt sich erst bei einem näheren Kennenlernen. Aus diesem Grund ist die Liebe auf den ersten Blick zwar ein intensives und aufregendes Erlebnis, aber noch lange keine Garantie für eine funktionierende Beziehung. Die Hormone führen uns gern mal in die Irre. Wenn sie verpuffen, bleibt oft nicht viel übrig, und meist zu wenig für etwas Langfristiges. Wenn die inneren Werte nicht passen, können die äußeren Attribute noch so attraktiv sein, dann wird das nichts. Wir dürfen nicht vergessen, dass wir uns gerade zu Beginn einer neuen Bekanntschaft gern von der allerbesten Seite zeigen. Meist wird der erste Eindruck durch das Verhalten jedes Einzelnen unbewusst manipuliert. Das gilt für uns alle, hier macht keiner eine Ausnahme. Auch schließen wir leider immer wieder durch äußere Merkmale einer Person auf deren Eigenschaften. Attraktive Menschen werden in der Regel für intelligenter und erfolgreicher gehalten als weniger attraktive. Von Übergewichtigen glauben wir oft, sie seien besonders gutmütig und lustig. Dabei besteht erwiesenermaßen zwischen der Optik und der Persönlichkeit eines Menschen überhaupt kein Zusammenhang.

Egal, ob in der Liebe, der Freundschaft oder im Berufsalltag, wir sollten mit allzu schnellen Einschätzungen und Charakterdiagnosen vorsichtig sein. Nicht nur, um uns selbst vor Enttäuschungen zu schützen, sondern auch, um anderen mit Stil und Respekt gegenüberzutreten und ihnen eine gerechte Chance zu geben. Erste Urteile zu revidieren ist nicht nur fair, sondern auch sinnvoll. Was wir glauben, im Gesicht unseres Gegenübers zu lesen, ist meist nur eine Spiegelung unserer eigenen Vorurteile. Schauen wir den anderen sorgfältiger an, hören ihm zu und lernen ihn kennen, erhalten wir weitere Informationen und mehr Raum für Reflexion. Das sollte über alle Grenzen hinweg funktionieren. Rassismus, Nationalismus, Sexismus, Hass gegen Homo- und Transsexuelle und die Ausgrenzung von Menschen mit Behinderung hätten dann keine Chance.

Stereotypen und Vorurteile helfen uns, die Welt überschaubar zu machen, ihre Komplexität zu reduzieren. Sie entlasten uns, weil wir glauben, dadurch Situationen und Personen nicht ständig neu bewerten zu müssen. Doch genau hier liegt der Denkfehler. Vorurteile sind oft resistent gegenüber Veränderungen. Viele Menschen vermeiden lieber den Kontakt zum Objekt ihrer Vorbehalte, anstatt sich mit ihm auseinanderzusetzen und diese Vorbehalte auszuräumen. Merkmale, die nicht mit unserem vorgefertigten Bild übereinstimmen, werden ausgeblendet und die Grenzen weiter verhärtet. Viele neigen dazu, alle Personen einer Gruppe über einen Kamm zu scheren. Sie glauben zu wissen, wie der Italiener tickt, wie der Deutsche funktioniert und der US-Amerikaner denkt. Sie haben ein klischeehaftes Bild von Schwulen und Lesben und Angst vor Flüchtlingen. Diese Menschen sind von Style ähnlich weit entfernt wie der Pluto von der Erde. Leider gehört das Schubladendenken zur menschlichen Grundausstattung und wird ständig befeuert. Wir fällen vorschnell Urteile über Menschen, ohne den Hintergrund und ihre Geschichten zu kennen. Da kann eine unachtsame Äußerung oder ein unüberlegtes Foto ganz schnell Kreise ziehen, die wir uns nicht in unseren wildesten Träumen ausmalen. Zumindest jeder einigermaßen prominente Mensch kann ein Lied davon singen. Ein falsch verstandenes oder zu deutliches Wort in einem Interview kann eine Karriere kosten. Ich habe in den letzten Jahren viel dazu lernen müssen. Zu Beginn meiner Karriere war ich vor allem Journalisten gegenüber noch äußerst redselig, heute wähle ich meine Worte mit Bedacht. Ich überlege mir genau, welche Informationen ich preisgebe, denn einmal ungünstig oder aus dem Zusammenhang gerissen zitiert, vergisst vor allem das Internet niemals. Das passiert schneller, als man gucken und vor allem reagieren kann. Auf diese Weise kann ein Schaden entstehen, der nie wieder gutzumachen ist.

Dazu ist auch in der realen Welt der Umgang der Menschen miteinander rauer geworden. Das beobachte ich allein jeden Tag im Berliner Straßenverkehr. Radfahrer brüllen Autofahrer an, Autofahrer bepöbeln Fußgänger, und Fußgänger beschimpfen Radfahrer. Zwar sind laut Statistik die gemeldeten Körperverletzungen zurückgegangen, trotzdem scheint Gewalt heute allgegenwärtig. Soziologen sehen den Grund dafür in den gestiegenen Belastungen der Arbeitswelt und des Alltags. Viele sind vom Leben überfordert und wissen mit dieser Überforderung nicht umzugehen. Also werden sie laut und ausfallend, um sich zu schützen oder aufgestaute Aggressionen abzubauen. Verhalten nach den Vorgaben des gegenseitigen Respekts, der Rücksichtnahme, Offenheit und Akzeptanz, die das menschliche Zusammenleben mal strukturiert haben, verschwinden immer mehr. Dabei sind sie die Grundpfeiler eines stilvollen Miteinanders. Nur wenn wir mit anderen Menschen in einen offenen Dialog treten, können wir Vorurteile ab- und mehr Verständnis aufbauen. Ohne den Willen dazuzulernen geht es nicht. Wir sollten daran interessiert sein, Ängste und Verunsicherungen zu minimieren, damit sie uns im Leben und im Miteinander nicht so oft im Weg stehen.

Sagen Sie mir, wie Du tickst

Schon der erste Satz einer Unterhaltung kann für den weiteren Verlauf der Beziehung zu einem Menschen maßgeblich sein. Eine Entscheidung, die wir blitzschnell treffen müssen: duzen oder siezen? Die Höflichkeitsform klingt in unseren Ohren heute irgendwie angestaubt, verknöchert und altmodisch. Das flächendeckende Duzen kam erstmals mit der Studentenbewegung der Sechzigerjahre nach Deutschland. Richtig durchgesetzt hat es sich damals allerdings nicht. Heute aber reden wir Fremde meist gleich per Du an, weil es die Kommunikation lockerer und unkomplizierter gestaltet. Ein Du schafft Vertrautheit und gibt uns das Gefühl, authentischer sein zu können. Der andere ist auf diese Weise eher geneigt, uns Interesse und Hilfsbereitschaft entgegenzubringen, als wenn wir ihn siezen. In hippen Start-ups wird eigentlich immer geduzt, und selbst große Wirtschaftsunternehmen sind inzwischen zum Du gewechselt, um ein Bild flacher Hierarchien zu vermitteln. Während meine Mitarbeiter und ich uns duzen, weil wir viel Zeit miteinander verbringen und ich zu allen eine recht persönliche Beziehung habe, bevorzuge ich auf anderen geschäftlichen Ebenen erst mal das Sie. Nach dem zweiten oder dritten Meeting können wir dann immer noch gern zum Du übergehen. Auf so manchen Menschen wirkt die persönliche Anrede nämlich übergriffig. Siezen schafft dagegen Distanz und vordergründig eine andere Form des Respekts. In gewissen Situationen ist das durchaus angebracht, zum Beispiel, wenn wir in ein Taxi einsteigen oder das erste Mal in einem Restaurant essen. Dienstleistern zu flapsig entgegenzutreten, wird schnell mal als Herabstufung und Respektlosigkeit interpretiert, auch wenn das gar nicht unsere Absicht ist. Es freut sich eben nicht jeder darüber, sofort wie ein Freund oder Haustier behandelt zu werden. In China wird übrigens nur im Singular gesiezt, im englischsprachigen Raum gibt es lediglich das *you* und die Spanier, Franzosen und Russen halten es wie wir Deutschen. Die Schweden hingegen haben das Siezen vor etwa vierzig Jahren abgeschafft. Dort wird kollektiv geduzt, mit Ausnahme der Königsfamilie.

Wir können aber auch duzen, ohne es an Respekt mangeln zu lassen, sofern wir nahezu alle anderen Parameter stilvoller Kommunikation beherrschen. Es ist nicht immer leicht, einzuschätzen, wann und bei wem das Du dem Sie vorzuziehen ist und umgekehrt. Das haben Sie vielleicht auch schon festgestellt, als Sie dieses Buch aufgeschlagen haben: Im Titel duzen und im Buch dann siezen? Manche Dinge klingen einfach besser im familiären du! Einige umschiffen das Thema erst mal, um bloß nichts falsch zu machen, und begehen dabei den größten Fehler. Eine solche Unterhaltung – zum Beispiel an der Bar – ist wenig erquicklich.

»Guten Abend. Wie geht's?«

»Gut, und selbst?«

»Auch gut. Öfter hier?«

»Gelegentlich. Und selbst?«

»Manchmal. Durst?«

»Danke, ein Bier bitte.«

»Na, Prost!«

Da vergeht mir doch gleich jegliche Lust auf eine Fortsetzung des Gesprächs. Warum ich auf einer Veranstaltung oder an der Theke siezen sollte, leuchtet mir ohnehin nicht ein. Noch stilloser empfinde ich allerdings den Mix aus Vornamen und Höflichkeitsform beziehungsweise die Kombination von Herr oder Frau Soundso mit einem Du. »Herr Michalsky, reich mir bitte mal den Wein.« »Michael, reichen Sie mir bitte mal den Wein.« Das wirkt doch, als wolle derjenige keine Stellung beziehen, sich zwischen Nähe und Distanz nicht entscheiden. Wer mir so kommt, braucht nicht damit zu rechnen, ernst genommen zu werden.

Grundsätzlich geht es bei Kommunikation immer um Respekt. Und der wird nicht nur durch die Verwendung des höflichen Sie ausgedrückt.In einer idealen Welt voller idealer Menschen wäre jede Unterhaltung durch diese Faktoren bestimmt: Wir lassen den anderen ausreden, hören zu, lassen den Gesprächspartner zu Wort kommen, gehen auf Gesagtes ein, argumentieren sachlich, trennen Beobachten und Bewerten ebenso wie Gefühle und Bedürfnisse, Fakten und Annahmen. Wir bleiben beim Thema und der Wahrheit, drücken Bitten und Erwartungen klar aus. So dürfte es im Handbuch eines jeden Kommunikationsseminars stehen. Wenn Sie jetzt aber mal nur die Unterhaltungen und Diskussionen des vergangenen Tages Revue passieren lassen: In wie vielen davon haben Sie all diese Punkte in vollem Umfang berücksichtigt? Ich vermute, in keiner einzigen. Denn je nach Thema, Gemütslage und Gegenüber spielen immer auch Emotionen eine Rolle. Wenn sie uns übermannen, geht allzu schnell der Respekt flöten. Dann wird es schwierig, Streit zu vermeiden und sich aus dieser Situation wieder herauszumanövrieren. Konflikte auszutragen ist aber sowieso stilvoller, als sie aus Harmoniesucht zu ignorieren und die Probleme unter den Teppich zu kehren. Das schadet langfristig jeder Beziehung, Freundschaft und Zusammenarbeit, denn wir treten dann dauerhaft auf der Stelle. Wer Streit vermeidet, ist nicht bereit, sich mit seinem Gegenüber vernünftig auseinanderzusetzen. Stilvoll streiten kann man, wenn man sich an gewisse Grundverabredungen hält. Pauschalierungen vermeiden, nicht jeden Satz mit »Ich« beginnen, nicht beleidigend werden, nicht immer wieder längst Abgehaktes aus der emotionalen Mottenkiste kramen und bereit sein, aufeinander zuzugehen. Nicht immer ist man sich am Ende eines Streits zwar einig, trotzdem kann er produktiv sein, wenn alle Beteiligten dabei zumindest lernen, die Haltung des anderen zu akzeptieren.

Die Kunst des Zuhörens

Bei einem Streit geht es, wie bei jeder anderen Art der Unterhaltung, nicht nur um die Dinge, die jemand sagt, sondern auch darum, wie er sie sagt. Der Redende hat etwas mitzuteilen, das wir entschlüsseln und auf das wir reagieren müssen. Er vermittelt nie nur den sachlichen Inhalt einer Nachricht, immer kommuniziert er auch unterschwellige Botschaften. Vielleicht möchte er einen guten Eindruck auf uns machen oder uns von etwas überzeugen. Formulierung, Tonfall und Körpersprache sind von Bedeutung, sie zeigen das Verhältnis zweier Menschen zueinander. Sind sie befreundet, kennen sie sich nur flüchtig, und mögen sie sich überhaupt? All das kann man als guter Beobachter recht schnell entschlüsseln. Kaum etwas wird einfach nur so gesagt, es soll immer Einfluss auf den Empfänger nehmen. Es soll ihn zu etwas bewegen oder ihn vielleicht einfach nur bei Laune halten. Mimik und Körpersprache geben Aufschluss darüber, ob das Gesagte mit dem Gefühlten übereinstimmt. Solange das so ist, widmen wir ihnen kaum Beachtung. Doch verrät oft nur ein Lächeln, dass jemand etwas nicht ernst, sondern ironisch meint. Wir müssen genau hinschauen und uns für das Gegenüber interessieren, um all die Zeichen und Informationen zu entschlüsseln, die eine stilvolle Kommunikation erst möglich machen.

Die Kommunikationspsychologie unterscheidet vier Ebenen einer Nachricht. Zum einen vermitteln wir die reinen Fakten. Zum anderen geben wir dabei aber auch immer etwas über uns selbst preis. Und wir verraten etwas darüber, wie wir zu unserem Gesprächspartner stehen. Außerdem drücken wir aus, was wir erreichen wollen. Nehmen wir an, ich bin mit einer meiner Mitarbeiterinnen im Auto auf dem Weg zu einer Veranstaltung. Sie sitzt am Steuer, wir sind spät dran. Trotzdem fährt sie in der Stadt nur 35 Stundenkilometer. Ich sage zu ihr: »Hier sind fünfzig erlaubt, das weißt du schon, oder?« Sachlich gesehen weise ich sie also auf eine Tatsache hin. Ich drücke aber auch meine Ungeduld aus und dass ich von ihrem Fahrstil genervt bin. Sagen möchte ich ihr, dass sie aufs Gas treten soll. Wie meine Mitarbeiterin reagiert, ist abhängig von ihrer eigenen Persönlichkeit. Wir alle haben unterschiedliche Schwerpunkte beim Zuhören: Der eine konzentriert sich rein auf den Inhalt des Gesagten. Der andere versucht, durch das, was jemand sagt, etwas über ihn herauszufinden. Wieder ein anderer bezieht alles auf sich. So jemand fühlt sich schnell angegriffen, ist ständig beleidigt oder verletzt – meist völlig grundlos. Oder jemand hört in allem eine Aufforderung und will es dem anderen unbedingt recht machen. Meine Mitarbeiterin hat also mehrere Möglichkeiten, auf meine Bemerkung zu reagieren. Vielleicht nimmt sie die Information einfach zur Kenntnis, viel mehr passiert dann aber auch nicht. Wir tuckern weiter im Schneckentempo durch die Stadt und kommen ganz sicher zu spät. Allerdings kennt sie mich gut genug, um zu wissen, wie ungeduldig ich bin. Also tut sie mir den Gefallen und legt einen Zahn zu. Oder sie reagiert beleidigt: »Wenn ich dir nicht schnell genug fahre, warum fährst du dann nicht einfach selbst?« Aber wie ich sie kenne, beschleunigt sie auf achtzig. Dann schaffen wir es entweder pünktlich zum Event oder nur bis zur nächsten Polizeikontrolle. Sich bei jeder Unterhaltung allen vier Ebenen des Redens und des Zuhörens bewusst zu sein, wäre die beste Ausgangsposition für eine stilvolle Kommunikation, ist aber nahezu unmöglich.

All diese Ebenen des Zuhörens kann man auch auf das Lesen von Nachrichten und E-Mails anwenden. Neben dem geschriebenen Text gibt es immer noch einen Subtext, den man erkennen muss, um stilvoll zu reagieren. Ich selbst kann allerdings langen und umständlich formulierten E-Mails einfach nichts abgewinnen. Meist lese ich sie nicht einmal bis zum Schluss. Meine Antwort darauf umfasst nur einen oder zwei Sätze, Kernaussagen, die das Thema sowie den Zeitpunkt für das nächste persönliche Gespräch fixieren. Von Angesicht zu Angesicht lassen sich die Dinge effektiver und stilvoller klären. Es kommt auch zu viel weniger Missverständnissen. Zum Beispiel schreibe ich schon immer alle digitalen Texte – ob E-Mail, Facebook-Post oder SMS beziehungsweise WhatsApp-Nachricht – in Versalien. Aus rein ästhetischen Gesichtspunkten, ich finde es einfach hübscher so. Das hat in der Vergangenheit zu allerlei Missverständnissen geführt. Mir war lange nicht bewusst, dass sich Menschen dadurch von mir digital angebrüllt fühlen, egal, wie nett ich meine Sätze auch formuliere. Ich hatte keine Ahnung, dass Großbuchstaben eigentlich dafür genutzt werden, um in einem Online-Text laut und besonders deutlich zu werden. Heute weiß ich das zwar, geändert habe ich es trotzdem nicht. Es gehört eben zu mir, es ist mein Style.

Klarheit vs. Bullshit

Auch ich bin ein Mensch mit nur zwei Ohren, und auf einem davon bin ich gelegentlich auch noch taub – und zwar dann, wenn mich etwas nicht interessiert. Zu einem perfekten Zuhörer macht mich das nicht. Schuld daran ist meine bereits erwähnte Ungeduld. Es wird meist viel geredet, aber wenig gesagt. Wir sprechen dann nicht nur umgangssprachlich von ›Bullshit‹, sogar der Psychologe bezeichnet mit diesem Wort grammatisch wohlgeformte Sätze, die zwar nicht falsch sind, allerdings auch keinen echten Gedanken vermitteln. Weit verbreitet ist diese Form des ›Fabulierens‹ in der Politik. Reden und Statements werden extra unklar formuliert, um unbequeme Wahrheiten zu verschleiern. Ich schätze, auch in vielen Beziehungen ist das leider gang und gäbe. Es gibt unterschiedliche Gründe, warum es uns oft schwerfällt, uns klar auszudrücken. Ehrlich zu sein, Wünsche offen zu formulieren oder Kritik zu äußern, erfordert manches Mal Überwindung. Wir wollen Streit vermeiden oder haben Angst vor der

Reaktion des anderen. Auch mir fällt es leichter, Klartext zu reden, wenn ich keine emotionale Bindung zu meinem Gegenüber habe. In geschäftlichen Meetings kann ich in deutlichen Worten formulieren, was mir gefällt und was nicht. Doch sobald Gefühle ins Spiel kommen, bin selbst ich leider ein wenig konfliktscheu. Ich möchte den anderen dann nicht verletzten, und es kommt vor, dass ich Wochen brauche, um ihm meine Meinung zu sagen. Wer mich gut kennt, merkt allerdings recht schnell, wenn etwas nicht stimmt, ein guter Schauspieler bin ich nämlich auch nicht. Andere Menschen werden laut, wenn sie sauer sind, ich dagegen werde immer stiller. Auch meine Körperhaltung verändert sich, ich sacke in mich zusammen. Fragt man mich dann, was los ist, und ich sage auch noch »Nix«, dann ist die Situation kaum noch zu retten. Flüchtige Bekannte oder neue Lover deuten mein Verhalten häufig falsch, was das Konfliktpotenzial nur noch erhöht. Durchaus ein Punkt, an dem ich dringend an mir selbst arbeiten muss.

Sehr still werde ich auch, wenn jemand ein Gespräch künstlich in die Länge zieht. Das macht das Zuhören und Ausredenlassen für mich zur Qual, da schalte ich lieber gleich komplett ab. Es ist nicht einfach, sich endlosen Monologen zu entziehen, sofern man grundsätzlich ein gewisses Maß an Höflichkeit besitzt. Dennoch erwische ich mich immer wieder dabei, die Konzentration zu verlieren. ›Komm zum Punkt‹, denke ich dann. Es ist nicht so, dass mich die Geschichten und Gedanken anderer Menschen nicht interessieren. Im Gegenteil. Sie dienen mir als Inspiration, ich lerne durch sie und lasse mich zudem gern unterhalten. Nur dauert es bei einigen Menschen zu lange, bis sie zum Kern ihrer Erzählung vordringen. Wenn mir beispielsweise eine gute Freundin etwas aus ihrem Alltag mitteilen möchte, neigt sie dazu, es mit so vielen Details anzureichern, dass ich irgendwann komplett den Überblick verliere. Ich schätze, genau das passiert ihr beim Erzählen ebenfalls, sie merkt es nur nicht. Einmal kam sie von einer einwöchigen Ibiza-Reise zurück nach Berlin und wollte mir unbedingt von ihrer Urlaubsbekanntschaft berichten. »Die Meike und ich sind am Freitag auf der Insel angekommen. Der Flug war übrigens der Horror. Erst eine halbe Stunde Verspätung, dann Turbulenzen und kein Sekt mehr an Bord. Und wie unhöflich diese Stewardess war. Jedenfalls, weil im Ocean Drive nichts mehr frei war, mussten wir aufs Hard Rock Hotel ausweichen. Naja, was soll ich sagen? Du kannst dir meine Begeisterung vorstellen. Ich mag den Laden nicht. Da lungern nur Angeber am Pool herum. Diese eine Bedienung war auch wieder da, die hat mich schon letztes Mal so seltsam angeguckt. Ich glaube, die hat ein bisschen zugenommen. Geschieht ihr ganz recht. Abends waren wir dann aber sowieso lieber in diesem hübschen Restaurant am Hafen oder in dem an der Carrer de Corona in der Altstadt. Da habe ich in diesem kleinen Laden unten an der Ecke übrigens eine Kette gesehen, die dir sicher super gefallen hätte ...« Und so weiter und so fort. Es ging noch ewig so weiter, bis der Urlaubsflirt in ihrer Geschichte das erste Mal eine Rolle spielte. Als es also spannend wurde, hatte ich bereits abgeschaltet. In einer modernen Gesellschaft wie der unseren ist ein gewisses Maß an ›Bullshit‹ nicht zu vermeiden. Partys und andere öffentliche Events sind ohne ihn kaum zu meistern. Doch kommen wir schnell aus dem langweiligen Smalltalk-Teufelskreis heraus, wenn wir uns ernsthaft für unser Gegenüber interessieren. Dann sollten wir ihm ehrlich gemeinte Fragen stellen sowie immer wieder auch auf seine Antworten mit weiteren Fragen reagieren. So werden wir laut Psychologen nicht nur sympathischer wahrgenommen, aus einer lockeren Plauderei kann so ganz schnell eine echte Beziehung werden.

Überhaupt ist die Wahl der Gesprächsthemen beim Kennenlernen ein heikles Ding. Welches Thema eignet sich für den Erstkontakt, was sollten wir besser vermeiden? Zum Einstieg finde ich die ehrlich gemeinte Frage nach dem Beruf des anderen durchaus gelungen, auch wenn sie mir heute kaum noch gestellt wird. Sie ist nicht zu übergriffig, doch ihre Beantwortung verrät uns viel über die Person. Ist der Mensch eher kreativ oder praktisch veranlagt, definiert er sich über seinen Job oder macht er ihn lediglich, um sich damit zum Beispiel ein außergewöhnliches Hobby zu finanzieren? Ist der Beruf Lebensinhalt, ergeben sich daraus direkt neue Themenfelder. Ist er nur Mittel zum Zweck, können wir uns auf privater Ebene weiterbewegen. Trifft man sich zufällig am Flughafen, hat bereits eingecheckt und wartet gemeinsam am Gate auf den Flieger nach Los Angeles, ist die Frage »Ach, wohin geht es bei dir denn?« übrigens kein gelungener Gesprächsauftakt. Es hat einen Grund, dass ich das an dieser Stelle erwähne, der eine oder andere wird sich jetzt womöglich ertappt fühlen. Wie hat man es im Kindergarten immer zu hören bekommen? »Erst denken, dann reden!« Wofür ich ebenfalls wenig Verständnis aufbringe, sind Jammern und Wehklagen. Ist jemand der eigenen Aussage nach seit Jahren unglücklich mit dem Job oder der Beziehung, in der er steckt, und hat dennoch nichts an seiner Situation geändert, möchte ich es nicht wissen. Schon gar nicht möchte ich es in epischer Breite bis zum vierten Glas Wein erzählt bekommen. Er oder sie sitzt da und echauffiert sich über den Partner, den Chef oder den eigenen Arbeitsbereich, ergeht sich in Hasstiraden oder klagt über die miese Bezahlung. In dem Fall platzt mir schon mal der Kragen. Wenn alles so furchtbar ist, sollte man sein Schicksal in die Hand nehmen und die Dinge ändern. Nimmt man sie aus Bequemlichkeit hin, darf man sich nicht beschweren. Mit Fremden oder neuen Bekannten beim Essen oder an der Bar über Geld zu sprechen, ist für mich ebenfalls ein No-Go und verdammt unstylish. Das gilt auch für das Reden über Krankheiten jedweder Art. Geht es einem meiner engen Freunde schlecht, möchte ich das natürlich wissen. Dann bin ich für ihn da, höre ihm zu und helfe, wo ich kann. Wenn ich aber jemanden kennenlerne, der über diese und jene Untersuchung spricht, von seiner Bandscheibe berichtet, vom Schlaganfall der Tante der Schwippschwägerin oder dem Herzleiden seiner 90-jährigen Oma väterlicherseits, dann bin ich raus. Das ist deprimierend, langweilig, nervtötend – und stillos. Leider trifft man mit steigendem Alter immer mehr Menschen, die sich nur noch über ihre Blut- und Cholesterinwerte definieren.

Im Rahmen der Berlin Fashion Week kommen wir immer wieder in größeren Gruppen in einem meiner Lieblingsrestaurants zusammen. Schöne Abende, an denen wunderbar inspirierende Gespräche stattfinden. Da ist immer mal wieder jemand dabei, mit dem die Kommunikation nicht perfekt läuft, aber erst mal bin ich offen für alles und jeden. Vor ein paar Jahren saß neben mir eine attraktive Mittfünfzigerin. Stilvolle Kleidung, perfektes Make-up, eine eindrucksvolle Erscheinung. Ich kann nicht einmal mehr sagen, warum sie an diesem Abend dabei war oder zu wem sie gehörte. Wir kamen ins Gespräch, zunächst über dies und das, das übliche Geplauder. Dann aber fing sie mit einem Mal an, mich über die Symptome ihrer offenbar erst kürzlich eingetretenen Menopause zu informieren. »Ach Gott, ich habe gerade schon wieder so eine Hitze. Dieses Schwitzen ist wirklich schlimm. Das kannst du dir nicht vorstellen«, jammerte sie. »Nein, das kann ich wohl tatsächlich nicht«, erwiderte ich, in der Hoffnung, das Thema damit zu beenden. »Und ständig diese Stimmungsschwankungen. Ich bin manchmal von einer Sekunde auf die andere total depressiv. Klar, ich schlafe ja auch kaum noch und bin immer völlig erschöpft.« Hilfesuchend sah ich mich am Tisch um, doch schienen alle anderen in angenehmere Gespräche vertieft. »Ich meine, es wird ja so schon nicht leichter mit dem Alter. Ich bin jetzt seit drei Jahren geschieden, weil mein Mann mit einer 35-Jährigen durchgebrannt ist.« Wer kann es ihm verübeln, dachte ich bitter, sagte aber nichts und schüttete ihr und mir stattdessen Wein nach. »Zugenommen habe ich auch, das hat man als Frau über fünfzig gar nicht mehr unter Kontrolle. Und guck mal hier«, sie deutete mit dem perfekten, rot lackierten Nagel ihres Zeigefingers auf die Stelle zwischen Nase und Oberlippe. »Siehst du das? Hier wachsen mir neuerdings doch tatsächlich Haare. Dafür gehen sie mir auf dem Kopf aus. Schau mal ...« Ich verschluckte mich an dem Stück Brot, das ich mir zur Ablenkung in den Mund geschoben hatte. In einem solchen Moment hilft nur schonungslose Offenheit. »Sorry, meine Liebe, aber Menopause ist einfach nicht mein Thema. Überhaupt finde ich Gespräche über körperliche Unzulänglichkeiten in einem solchen Rahmen und mit völlig Fremden unpassend. Ich verabschiede mich an dieser Stelle und wünsche dir noch einen wundervollen Abend. Vielleicht gehst du mal raus, wenn dir zu heiß ist. Der Berliner Winter kann einen ganz schnell runter kühlen.« Ich stand auf und suchte mir lieber einen anderen Gesprächspartner.

Es ist nicht unsere Aufgabe, jedem Menschen mit Rat und Tat, einem offenen Ohr und unserer Hilfe zur Seite zu stehen. Wir haben als Teil einer Gesellschaft allerdings durchaus eine grundsätzliche Verpflichtung, andere zu unterstützen. Wie weit diese Unterstützung geht, muss jeder für sich selbst entscheiden. Wie sich die Verpflichtung gegenüber anderen zu unserem eigenen Bedürfnis nach einem guten Leben verhält, ist eine Frage unseres Stils. Wo ist unsere Hilfe oder unser Rat gewollt, angebracht und sinnvoll? Müssen wir uns allesamt verpflichtet fühlen, die weltweite Armut zu bekämpfen, indem wir auf Dinge verzichten, die wir nicht brauchen, und unser Geld stattdessen spenden? Oder haben wir ein Recht darauf, uns etwas zu gönnen, auch wenn es anderen Menschen schlecht geht? Hier wird das emotionale Dilemma deutlich, in das uns ein zu hoher moralischer Anspruch bringen kann. Damit wir darüber nicht verzweifeln, ist es wichtig, uns unsere eigenen Grenzen der Hilfsbereitschaft zu setzen. Dass wir darauf bedacht sind, ein gutes Leben zu führen und eher Familienmitgliedern und engen Freunden in der Not helfen als Fremden, ist nur natürlich. Kleine Aufmerksamkeiten im Alltag – für einen älteren Menschen den Platz in der U-Bahn räumen oder einer Frau den Kinderwagen eine Treppe hinauftragen – tun dagegen niemandem weh. Doch durch sie können wir unser eigenes Leben und das der anderen ein bisschen netter machen. Das Wichtigste ist, jedem auf Augenhöhe zu begegnen. Wenn uns das möglichst oft gelingt, können wir daraus ein stilvolleres Miteinander generieren.

That's what friends are for

Meine Freunde spielen für mich eine entscheidende Rolle, sie sind mir im Leben am nächsten. Studien zufolge sind gute Freunde für ein glückliches Leben wichtiger als Verwandte und gewinnen mit wachsendem Alter immer mehr an Bedeutung. Freundschaften halten uns auf lange Sicht gesund und geben uns ein Gefühl von Sicherheit und Zugehörigkeit. Schöne Momente gewinnen an Bedeutung, wenn wir sie mit Freunden teilen können. Es geht um Austausch und Inspiration, um Humor und platonische Liebe. Das unterscheidet sie von Bekanntschaften, an die wir keine große Erwartungshaltung haben. Menschen, mit denen wir gern Zeit verbringen, die Beziehung aber immer relativ oberflächlich bleibt. Aus einem Bekannten wird nicht zwangsläufig ein Freund, es kann aber passieren. Und genauso umgekehrt. Auch ich habe mich schon nach jahrelanger Freundschaft mit Menschen auseinandergelebt. Es sind bereits einige Freunde in meinem Leben auf der Strecke geblieben, weil mich nichts mehr mit ihnen verband. Sie wurden zu Bekannten. Meine zwei besten Freunde kenne ich seit fünfzehn Jahren, meine beste Freundin Christine, die ich in London kennenlernte, begleitet mich sogar schon weitaus länger. Wir telefonieren nicht jeden Tag, aber wenn wir uns sehen, ist das Verhältnis direkt wieder sehr intim. Echte Freundschaften halten auch Trennungen aus, solange die Basis stimmt. Verschieben sich jedoch grundlegende Ansichten, dann ziehe ich die Reißleine, ehe es unschön wird. Grundsätzlich habe ich gelernt, dass es besser ist, Freundschaften nicht mit Geschäftlichem zu vermischen. Schon mehrfach habe ich die Erfahrung gemacht, dass das einfach nicht zusammengeht. Meist bedeutet es das Ende der Freundschaft und über kurz oder lang auch das der Zusammenarbeit. Andersherum verbringe ich zwar viel Zeit mit meinen Mitarbeitern, und unser Verhältnis ist durchweg gut, aber ich unternehme mit ihnen keine privaten Dinge. Dann verschwimmen die Grenzen. Ehe man sich's versieht, sitzt du mit deinen Angestellten an der Theke, an der nach dem dritten Cocktail die Sätze mit »Was ich dir schon immer mal sagen wollte ...« beginnen. Und dann fangen die Probleme an.

Mit einzelnen Freunden können wir jeweils ganz eigene Themen haben – nicht mit jedem Freund teilen wir die gleichen Interessen. Mit dem einen fachsimpeln wir gern über Musik, der andere steht uns bei, wenn uns Liebeskummer quält, und wieder ein anderer ist immer zur Stelle, wenn wir berufliche Dinge besprechen wollen. Die Beziehung zu jedem Einzelnen von ihnen ist immer auch eine Herausforderung. Wie weit können wir uns öffnen? Was kann ich dieser Person anvertrauen? Kann ich den Freund um Hilfe bitten? Handelt es sich um eine echte, gewachsene Freundschaft, sollte es dafür keine Grenzen geben. Außerdem müssen meine Freunde Geheimnisse für sich behalten können. Das ist für mich einfach Voraussetzung für eine vertrauensvolle Freundschaft und das können sie genauso von mir erwarten. Mir ist ihre Meinung wichtig, zu allen Problemen, die sich in der Liebe, dem Job oder wo auch immer einstellen. Diese Probleme und Geheimnisse haben bei dem Freund unter Verschluss zu bleiben, dem ich sie erzähle. Egal, wie nah mir auch die übrigen Mitglieder unserer Gemeinschaft stehen, nicht alles, was mich beschäftigt, ist für die Ohren aller gedacht. So halte ich es selbst. Jemandem ein Geheimnis anvertrauen zu können, ist etwas Tolles. Es ist ein gegenseitiger Vertrauensbeweis und schweißt zwei Menschen zusammen. Es mag nicht immer einfach sein, besonders spannende Dinge für sich zu behalten, wer tratscht nicht gern ab und an? Doch muss uns die Brisanz des Geheimnisses bewusst sein, ebenso wie die Konsequenz, die es hätte, würden wir es weitererzählen. Wenn es einem Freund wichtig ist, dass ich etwas für mich behalte, dann kann ich schweigen wie ein Grab. Kaum einer von uns kann allerdings abstreiten, auch schon mal hinter dem Rücken eines Freundes über ihn geredet zu haben. Vielleicht war man wegen irgendetwas sauer auf ihn oder fand sein Verhalten

unmöglich. Also regt man sich an anderer Stelle im Freundeskreis
darüber auf. Dabei darf es jedoch niemals um niederträchtige Lügen oder intime Geheimnisse gehen, und wir sollten bereit sein,
unseren Ärger auch gegenüber dem besagten Freund selbst zu äußern. Mangelnde Loyalität ist nämlich ziemlich stillos und macht
jeder Freundschaft über kurz oder lang den Garaus.

Im Zentrum einer Freundschaft stehen nun mal Vertrauen und Ehrlichkeit. Lügen haben da keinen Platz. Fragt mich
ein Freund, ob mir das neue hautenge T-Shirt in Rosa mit dem
großen Logo-Print an ihm gefällt, werde ich ihn nicht anlügen.
Wahrscheinlich antworte ich so etwas wie:»Hast du die Quittung
noch?« Oder ich weise ihn dezent darauf hin, dass ihm Schwarz
besser steht. Anders kann eine Beziehung, ob auf platonischer
oder amouröser Ebene, langfristig nicht bestehen. Allerdings erfordert Ehrlichkeit auch ein gewisses Maß an Einfühlungsvermö-
gen. Bei Max Frisch las ich mal den klugen Satz:»Man sollte die
Wahrheit jemandem wie einen Mantel hinhalten, dass er hinein-
schlüpfen kann – nicht wie ein nasses Tuch um den Kopf schlagen.« Dementsprechend würde ich das rosafarbene T-Shirt nicht
mit dem Hinweis kommentieren, mein Freund sähe darin aus wie
eine in die Jahre gekommene, alkoholkranke Miss Piggy. Das wäre
zwar maximal ehrlich, aber auch maximal taktlos. Schonungslose
Offenheit kann mehr zerstören, als dass sie irgendjemandem
nützt. Oft ist es eine Gratwanderung, denn nicht jeder kann mit
der Wahrheit gleich gut umgehen. Hier ist Feingefühl gefragt. Wir
müssen uns in die Lage unseres Freundes versetzen und uns vorstellen, wie wir uns an seiner Stelle fühlen würden. Empathie
kann uns dabei helfen. Sie wird heute von Vorgesetzten wie von
Politikern, von Freunden und Fremden verlangt. Viele halten sie
für die Voraussetzung von Hilfsbereitschaft und Fairness schlecht-

hin. Empathie ist ein Begriff, der inflationär eingesetzt wird und in meinen Ohren abgeschmackt klingt. Er soll Wir-Gefühl, Imitation, gedanklichen Perspektivwechsel und emotionale Anteilnahme gleichermaßen beschreiben. Dabei müssen wir uns gar nicht in jeden eins zu eins hineinversetzen können, um moralisch zu handeln. Das laugt nur aus, weil es uns nicht mehr gelingt, uns abzugrenzen. Aus Überforderung blenden wir dann lieber jegliches Leid aus, was die Hilfsbereitschaft eher eindämmt. Wir können nicht mehr einschätzen, wo unsere Hilfe nötig und angebracht ist, also lassen wir es lieber ganz sein. Wir sollten in Sachen Empathie immer nach dem Wann und Wozu fragen. Die Fähigkeit, mit unseren Nächsten mitzufühlen, beeinflusst unser Denken und Handeln. In Freundschaften finde ich das wichtig, ich muss es aber nicht auf sämtliche Lebensbereiche anwenden. Der gelegentliche, nicht der permanente Perspektivwechsel hilft uns dabei, selbstreflektierter zu werden und unseren Stil im Umgang mit anderen zu verbessern.

Innerhalb einer Freundschaft sollte das Verhältnis von Geben und Nehmen, von Reden und Zuhören ausgeglichen sein. Nicht zu jeder Zeit, aber auf lange Sicht. Dann hält eine Freundschaft auch Meinungsverschiedenheiten aus. Meine Freunde und ich sind ein eingeschworener Kreis, trotzdem tut sich immer mal das eine oder andere Drama auf. Bei näherer Betrachtung ist es meist gar kein Drama, in diesem Moment aber fühlt es sich wie eines an. Ich lasse dann erst mal ein wenig Zeit verstreichen, bis sich die Gemüter wieder beruhigt haben und wir in vernünftigem Ton und sachlich über die Dinge reden können. Style bedeutet nämlich auch, sich im Streit selbst reflektieren zu können. Zu erkennen, ob und wo man Fehler gemacht hat und diese offen zuzugeben. Das fällt uns nicht immer leicht, denn dabei steht uns unser Stolz im Weg. Wir haben Angst, uns selbst kleinzumachen. Das passiert allerdings nur, wenn wir einlenken, um Konflikte zu vermeiden. Meinen wir es mit unserer Bitte um Verzeihung ernst, wachsen wir daran. Eine solche Entschuldigung ist ein Geschenk an den anderen, aber auch an uns selbst und unsere Beziehung zueinander. Wir drücken mit ihr unsere Wertschätzung aus und übernehmen Verantwortung für unser Handeln. Das gilt nicht nur für Freundschaften, sondern auch innerhalb der Familie, im Arbeitsleben und in Partnerschaften. Ein angehängtes ›Aber‹ jedoch nimmt jeder Entschuldigung den guten Stil. »Es tut mir leid, dass ich Blödmann zu dir gesagt habe, aber du hast dich ja vorher wirklich daneben benommen.« Damit lenken wir die Schuld auf den anderen, denn er hat unsere beleidigende Wortwahl durch sein unmögliches Verhalten ausgelöst. Konflikte offen auszutragen, ist eine Bereicherung und stilvoller, als Probleme aus Harmoniesucht totzuschweigen. Sprechen wir die Dinge offen an, zeigen wir Haltung und machen den Weg frei für Veränderung. Ärgern wir uns immer nur in uns hinein, sind irgendwann die Fronten verhärtet. Wir reagieren auf Nebensächlichkeiten übertrieben empfindlich, ohne dass der andere auch nur ahnt, was los ist. Das hält auf Dauer die beste Freundschaft nicht aus.

Gelebte Arroganz

Ob Freund, Bekannter, Date oder Mitarbeiter, ich lege allergrößten Wert auf Pünktlichkeit. Sie ist eine gesellschaftliche Übereinkunft, ohne die meiner Meinung nach das Zusammenleben nicht funktionieren kann. Ganz gleich, ob ich mit jemandem einen beruflichen Termin habe oder nur zum Kaffeetrinken verabredet bin, ich sehe immer zu, ein paar Minuten vor der vereinbarten Zeit da zu sein. Von dem anderen erwarte ich zumindest, sich nicht mehr als fünf Minuten zu verspäten. Jemanden durchs Wartenlassen seiner Zeit zu berauben, ist arrogant und zeugt von keinerlei Stil. Meldet sich derjenige dann noch nicht einmal kurz, um seine Verspätung anzukündigen, mache ich mir zudem auch noch Sorgen, ob womöglich etwas passiert ist. Wenn er dann nach zwanzig Minuten völlig entspannt angewackelt kommt, als sei es das Normalste der Welt, werde ich richtig sauer. Wir hatten eine Vereinbarung, haben als gleichberechtigte Partner einen Termin festgelegt. Wie also kann sich einer von beiden darüber hinwegsetzen? Inzwischen habe ich mir angewöhnt, nach zehn Minuten den Ort der Verabredung zu verlassen. Für Menschen, die es mit der Pünktlichkeit nicht so genau nehmen, mag das pedantisch klingen. Ich habe einen Freund, der grundsätzlich mindestens eine halbe Stunde zu spät kommt. Bei ihm habe ich es akzeptiert, auch wenn ich seiner Argumentation für dieses Verhalten zunächst nicht zustimmen konnte. »Bin ich mit jemandem verabredet und verspäte mich eine halbe Stunde, habe ich ihm dreißig Minuten Zeit geschenkt«, sagte er anfänglich mal zu mir. Fassungslos folgte ich seinen Ausführungen. »Wenn derjenige dann nichts aus dieser Zeit macht, ist er selbst schuld. Muss ich mal warten, beschäftige ich mich mit anderen Dingen, hänge meinen Gedanken nach oder lese etwas, wozu ich sonst nicht gekommen wäre.« Wenn ich warte, dann warte ich. Ich erledige keine liegen gebliebenen E-Mails oder führe Telefonate, zu denen ich sonst nicht komme. Ich warte eben. Allerdings hat mir mein Freund sein Problem mit der Pünktlichkeit später nachvollziehbarer erklärt. »Ich habe mein Leben lang immer viel gearbeitet, bin jeden Tag von einem Termin zum nächsten gehetzt. Irgendwann habe ich für mich entschieden, diese Art der Fremdbestimmung nicht mehr leben zu wollen.« Für ihn ist Pünktlichkeit etwas Unangenehmes, ein Verlust seiner Autonomie. Die Terminvereinbarung schränkt ihn ein, er mag sich ihr nicht unterwerfen. Diese Einstellung kann ich inzwischen akzeptieren. Heute ist er in meinen Augen schon überpünktlich, wenn er sich nur eine halbe Stunde verspätet. Ich plane sein Delay direkt mit ein und rege mich nicht mehr darüber auf. Der Großteil der chronischen Zuspätkommer leidet allerdings einfach nur an falscher Selbsteinschätzung. Sie unterschätzen den Zeitaufwand für den Weg zum verabredeten Ort und überschätzen ihre eigenen Fähigkeiten, diese Strecke zurückzulegen. Oder sie haben einfach kein Gefühl für Zeit. Wer auch sonst so zielorientiert lebt wie ich, für den fühlen sich bereits 58 Sekunden an wie eine Minute. Das hat schon vor vielen Jahren eine Studie in den USA ergeben. Die entspannteren Typen glauben erst nach 77 Sekunden, die Minute sei vorbei. Das ergibt eine Diskrepanz von 19 Sekunden pro Minute. Glaubt also der entspannte Typ, er brauche 30 Minuten von A nach B – eine Zeit, die innerhalb von Berlin auf fast jede Strecke zutrifft –, dürfte er rein rechnerisch nur neuneinhalb Minuten zu spät kommen. Das stützt meine Entscheidung, nach zehn Minuten das Warten abzubrechen. Ab diesem Moment ist klar, dass der andere doch eher nur respektlos handelt oder nicht ehrlich interessiert ist an einem Treffen mit mir.

Mit der zunehmenden Digitalisierung hat die Verbindlichkeit von Verabredungen und Vereinbarungen immer weiter abgenommen. Wir müssen uns heute nicht mehr rechtzeitig auf den Weg machen, um pünktlich zu sein. Wir können ja immer noch per WhatsApp oder SMS Bescheid geben, dass wir uns verspäten. Egal, ob der andere im Anschluss weitere Termine hat oder seine Arbeit unterbricht, um die Verabredung einzuhalten. Verbindlichkeit wirkt heute fast wie eine unmoderne Tugend. Wir wollen uns nicht mehr festlegen, uns alle Optionen offenhalten. Fixe Termine schränken uns ebenso ein wie eine feste Beziehung. Immer wieder lassen wir uns ein Hintertürchen offen. Dabei ist es besser, die eine oder andere Tür zu schließen und wieder zu mehr Verlässlichkeit zu kommen. Ich möchte mich darauf verlassen können, dass die Dinge, die andere sagen, gesetzt sind und einen Wert haben. Wir sind als soziale Wesen auf stabile Kontakte angewiesen, doch je flexibler wir zum Beispiel in der modernen Arbeitswelt agieren müssen, desto weniger sind wir bereit, uns privat festzulegen. Unter diesen Veränderungen sollten vor allem Freundschaften nicht leiden. Ein herberer Schlag ist ein Vertrauensmissbrauch durch einen Freund, aber mich hängen zu lassen, wenn ich mich auf den anderen verlassen habe, schmerzt auch schon. Wird das zur Regel, stelle ich die Freundschaft ernsthaft infrage, da muss es gar nicht erst zum Vertrauensmissbrauch kommen. Meine engsten Freunde geben mir Halt, ich weiß, dass ich mich jederzeit in allen Fragen an sie wenden kann. Sie sind für mich da, ich kann mich auf sie verlassen, wie sie sich auch auf mich verlassen können. Das ist für ein glückliches und stilvolles Miteinander ungemein wichtig.

Friendship 2.0

Facebook, Instagram und Co. haben diese Unverbindlichkeiten enorm geschürt. Haben wir früher jemanden zu unserem Geburtstag eingeladen, riefen wir ihn an, schickten ihm eine Karte oder sprachen die Einladung persönlich aus. Eine Zusage war bindend, niemand hätte es gewagt, einfach nicht aufzutauchen. Über Facebook haben wir dabei meist weitaus weniger Skrupel. Werden wir eingeladen, sagen wir womöglich erst mal mit einem ›Vielleicht‹ zu, ganz unverbindlich. Sollten wir dann verhindert sein, schicken wir Menschen, die wir gut kennen vielleicht noch eine kurze Nachricht, dass wir es doch nicht schaffen. Meist passiert aber nicht einmal mehr das. Haben wir früher noch das Telefon in die Hand genommen, um jemandem zum Geburtstag zu gratulieren, schreiben wir ihm heute schnell einen flüchtigen Geburtstagsgruß an die Pinnwand. Für viele haben Sprachnachrichten inzwischen die SMS oder die klassische WhatsApp-Nachricht abgelöst. Wer zu faul ist zum Tippen oder gerade unterwegs, drückt auf den Aufnahmeknopf und sagt, was er zu sagen hat. Dabei geht es für mein Dafürhalten doch gar nicht mehr um echten Austausch, sondern nur noch um die Vermittlung von Informationen. Praktisch finde ich das schon, solange es die Ausnahme bleibt – und man tatsächlich nur eine Information weitergeben möchte. Ein Dialog entwickelt sich so ja nicht. Und ich spreche viel zu gern mit meinen Freunden, als dass ich auf Telefonate und persönliche Treffen verzichten möchte!

Unsere Wahrnehmung von Freundschaften hat sich durch Social Media stark verändert. Nur weil meine Kontakte dort ›Freunde‹ heißen, sind sie es noch lange nicht im realen Leben. Ich kenne zwar alle meine privaten Facebook-Kontakte persönlich, aber die meisten sind trotzdem nur mehr oder weniger gute Bekannte. Überraschend viele Menschen teilen dort private und teils sogar intime Details, was mir nie in den Sinn käme. Ich habe von einer Umfrage gelesen, die in fast zwanzig Ländern durchgeführt wurde. Zwölf Prozent der Männer und acht Prozent der Frauen gaben an, gelegentlich freizügige Fotos oder sogar Nacktbilder von sich zu posten. Ernsthaft? Und rund ein Viertel der Befragten räumte ein, auch schon mal Klatsch und Tratsch über andere veröffentlicht zu haben, über Bekannte, Freunde, Arbeitskollegen. Männer mit schlechter Laune übrigens doppelt so häufig wie Frauen. Wer hätte das gedacht? Doch warum tut man so etwas? Aus dem Drang nach Bestätigung heraus. Wenn wir viele Likes bekommen, fühlen wir uns besser und aufgewertet. Da pfeifen wir auch mal auf Stil und Anstand. Andersherum reagieren wir frustriert, wenn unser Post nicht oft geliket wird oder die Person, deren Aufmerksamkeit wir eigentlich erreichen wollen, nicht darauf reagiert. Schauen wir uns zudem zu viele Party- und Urlaubsfotos anderer an, kann sich das nachhaltig negativ auf unser Gemüt auswirken. Wir glauben, das Leben aller anderen sei spannender als unser eigenes, auch das unserer realen Freunde. Eine erschreckende Entwicklung, wie ich finde, denn das virtuelle und das echte Leben sind zwei gänzlich unterschiedliche Welten. Die Bestätigung durch unsere Freunde durch ein persönliches Lob oder eine kleine Aufmerksamkeit ist so viel mehr wert als ein virtuelles Herzchen.

Doch ist nicht alles am Netzwerken schlecht, im Gegenteil. Es ist fantastisch, dass wir heute ganz einfach mit Menschen in Kontakt treten können, die am anderen Ende der Welt leben. Zieht ein Freund in ein weit entferntes Land, bricht der Kontakt nie ganz ab, solange er bei Facebook oder Instagram ist. Dann haben wir das Gefühl, weiter an seinem Leben teilzunehmen. Die meisten Umfrageteilnehmer der eben erwähnten Studie sagten, dass sie dank Facebook und Co. häufiger mit ihren Freunden und Verwandten kommunizierten, als es in Prä-Facebook-Zeiten der Fall gewesen sei Die Kommunikation ist direkter und unkomplizierter geworden. Es ist also abhängig davon, wie wir die sozialen Netzwerke nutzen, die uns zur Verfügung stehen. Das können wir mit Style tun und so das Beste für uns und unser näheres Umfeld herausholen. Wir sollten uns gut überlegen, ob ein verfängliches Foto oder Video eines Freundes wirklich ins Netz gehört, so lustig oder skurril es auch sein mag. Was nützen uns die vielen Likes, wenn der Freund sich anschließend von uns abwendet und auch viele andere ab sofort ein negatives Bild von uns haben? Wir können außerdem nicht auf der einen Seite mehr Datenschutz fordern und gegen die flächendeckende Videoüberwachung sein, auf der anderen Seite aber bei Facebook alles Private offenlegen, weil wir glauben, unter Freunden zu sein.

Beinahe jeder Bürger der Industriestaaten trägt heute ein Gerät bei sich, durch das er mit dem Internet und seinen Freunden verbunden ist. Wir haben alles und jeden permanent auf dem Smartphone bei uns und können per Facebook, WhatsApp oder Instagram direkt Kontakt zu fast jedem aufnehmen, wann immer uns gerade danach ist. Eine tolle Möglichkeit und oftmals auch ausgesprochen praktisch. Wer allerdings nachts betrunken Nachrichten an ehemalige oder potenzielle Lover schreibt, tut sich und dem anderen damit womöglich keinen großen Gefallen. Im besten Fall geht die Nachricht nur an einen guten Freund, weil wir uns vertippt haben. Im schlimmsten Fall lassen wir derartig die Hosen runter – bei meist mangelhafter Grammatik –, dass es unmöglich ist, sich herauszureden. Und im allerschlimmsten Fall haben wir sie an den Chef, den Geschäftspartner oder die Schwiegermutter geschickt. Was für ein Alptraum! Alkohol euphorisiert, oder er macht uns einsam und nachdenklich. Auf einmal können wir nicht mehr nachvollziehen, warum wir dem Ex den Laufpass gegeben oder den Typ von letzter Woche eiskalt abserviert haben. Dinge, für die uns in nüchternem Zustand Tausende Gründe einfallen. Jetzt aber schreiben wir Liebesschwüre oder rufen an, um unsere Zuneigung persönlich zu überbringen. So oder so ist der Blick ins Smartphone am nächsten Morgen oft demütigend. Das alles wirkt zunächst ziemlich stillos, doch sollten wir diese Ausrutscher nutzen, um uns selbst und unser Verhalten zu reflektieren. Einer noch recht neuen US-Studie zufolge verändert der Alkohol an so einem Abend nicht unsere Persönlichkeit, er macht uns nur extrovertierter, die Hemmschwelle sinkt. Demzufolge übermannte uns das Gefühl, das uns zum Tippen der Nachricht veranlasst hat, vermutlich nicht grundlos. Wer es schafft, auch an solchen Peinlichkeiten zu wachsen und dabei etwas über sich selbst zu lernen, der hat verstanden, wie man auch aus solch einer unangenehmen Situation mit etwas mehr Style hervorgeht.

Kritiker behaupten, dass die sozialen Netzwerke Freundschaften immer unmöglicher machen, weil Beziehungen niemals dieselbe Tiefe wie in der Realität erreichen. Doch sollten virtuelle Kontakte ohnehin kein Ersatz für echte Freunde sein, sondern nur als Ergänzung verstanden werden. Das Netzwerk soll uns helfen, bestehende Beziehungen zu pflegen und auf Menschen zu treffen, die ähnliche Interessen haben wie wir selbst. Wenn es uns gelingt, diese dann ins reale Leben zu überführen, haben wir alles richtig gemacht und das ›soziale‹ Netzwerk hat seinen Zweck erfüllt. Das Tolle an der ständigen Verfügbarkeit all dieser Verbindungen ist doch, dass wir einem Gespräch oder einer Nachricht eine echte Verabredung folgen lassen können. Nur verbunden zu sein, stellt noch keine Kommunikation her. Nur digital zu kommunizieren keine echte Beziehung. Die Zeit, die wir damit täglich verbringen, könnten wir sinnvoller nutzen. Ein Telefonat oder ein persönliches Treffen bringt meist mehr Ergebnisse und Emotionen als ein Chat-Dialog. Und was zunächst wie eine Zeitersparnis wirkt, ist das genaue Gegenteil. Wir tippen Nachrichten, wo wir gehen und stehen. Nur mit uns selbst beschäftigen wir uns kaum noch. Früher hingen wir beim Warten auf den Bus unseren Gedanken nach oder hatten Augen für unsere Umwelt. Heute holen wir direkt das Smartphone aus der Tasche, weil wir glauben, die Wartezeit auf diese Weise sinnvoll zu füllen. Dabei können Alltagsbeobachtungen oder unsere Gedanken zu weit mehr führen als das Betrachten und Liken von Fotos bei Instagram. Ich möchte nicht wissen, wie viele potenzielle Liebespaare schon aneinander vorbeigelaufen sind, weil sie den Blick nicht von ihrem Smartphone gelöst haben, um den Menschen neben sich auch nur wahrzunehmen. Das ist doch eine traurige Vorstellung. Ich beobachte gerne, wenn ich unterwegs bin. Ich schaue mir die Menschen an, lasse mich inspirieren und achte darauf, dass mir möglichst wenig entgeht. Und es sollte ganz selbstverständlich sein, dass wir das Smartphone in der Tasche lassen, wenn wir mit anderen Menschen am Tisch zum Essen und Reden zusammensitzen, das gebietet der Respekt. Nur wenn wir uns dazu durchringen können, den Kopf mehr zu heben und die Umwelt mit eigenen Augen und nicht nur durch das Display des Smartphones zu betrachten, kann es gelingen, unseren Umgang miteinander stilvoller zu gestalten.

SEX UND WIE WIR LIEBEN

Sex bekommen wir heute nahezu überall. Als passiver Zuschauer online, im Kino und TV, als aktiv Beteiligter über Smartphone-Apps und in einschlägigen Clubs. Und selbstverständlich zu Hause. Noch nie war das erotische Leben so frei wie heute, nicht einmal zu Zeiten der sexuellen Revolution Ende der Sechziger. Sex scheint dauerhaft und für jeden von uns verfügbar zu sein, egal, ob man homo-, hetero-, bi-, trans- oder pansexuell ist. Ich finde das gut. Ein selbstbestimmter, freier und (vor allem) unbeschwerter Umgang mit Sex gehört zu einer aufgeschlossenen, toleranten Gesellschaft dazu. Das zeigt sich auch ganz besonders in der die aktuellen #metoo Diskussion. Es wurde höchste Zeit, dass auch die letzten, übrig gebliebenen Macho-Verhaltensweisen mancher Männer angeprangert und hoffentlich endgültig beseitigt werden. Menschen sollten in der heutigen Zeit freiwillig und zwanglos ihren erotischen Bedürfnissen und Wünschen nachgehen können. Oder es eben auch lassen, so wie mancher beispielsweise religiös begründete aber bewusste Verzicht auf Erotik.

Trotzdem ranken sich um das Thema Sex noch immer jede Menge alberne Vorurteile. Neulich las ich in einem Artikel über eine Untersuchung der Columbia Business School in New York, dass selbst der Facebook-Algorithmus voll von sexuellen Bezügen ist. Ihm reichen ein paar Likes, um zu entscheiden, ob der User schwul oder heterosexuell sei. Daumen hoch für Dr. Pepper, Ellen DeGenres, *Glee*, Lady Gaga, Barack oder Michelle Obama, und schon steckt mich Facebook in die Homoschublade. So sehr soziale Medien unsere Welt auch modernisiert haben, vor Stereotypen machen also auch sie nicht halt. In diesem Punkt gibt es kaum einen Unterschied zur realen Welt, denn auch dort sehen wir Schwulen uns bis heute mit so manchem bescheuerten Klischee konfrontiert.

Verunsicherung und Vorurteil

Entgegen der landläufigen Meinung sind wir Homosexuellen gar nicht alle exzentrische Diven, überspannt, dramatisch und laut. Ich versuche manchmal, die Drama-Queen zu geben aber bei aller Anstrengung gelingt es mir nicht. Wie der Großteil der Homosexuellen führe auch ich ein völlig normales und bürgerliches Leben. Tja. Einem weiteren Klischee nach pflegen und kleiden wir uns besser als Heterosexuelle. Tatsächlich legen viele Schwule großen Wert auf ihr Äußeres, das stimmt. Es gibt aber leider auch viele Homosexuelle, die ohne Sinn für Stil und Ästhetik durchs Leben gehen. Nur sieht man die nicht so oft auf Vernissagen, in Bars und in Clubs herumstehen – übrigens alles Orte, an denen diese Klischees mit Wonne gepflegt werden. Dort entsteht auch das Gerücht, dass alle Homosexuellen gut tanzen könnten. Wer sich in einem Gay Club auf der Tanzfläche mal genau umschaut, wird feststellen, dass das nicht stimmt. Rhythmus wurde nicht jedem von uns zusammen mit der Homosexualität in die Wiege gelegt. Ist aber auch nicht schlimm, Hauptsache, das Tanzen macht Spaß, finde ich. Wir Schwulen werden in der Regel für liberal gehalten, doch selbst die rechtspopulistische AfD hat homosexuelle Anhänger, eines ihrer populärsten Aushängeschilder ist lesbisch. Der schwule Milo Yiannopoulos ist ein Wortführer der rechten Szene in den USA und vertritt eine intolerante und rassistische Jugendkultur. Leo Varadkar, irischer Premierminister, ist homosexuell und gehört dem rechten Flügel der rechtskonservativen Partei Fine Gael an. Es gibt also durchaus extrem konservative Schwule. Die Beispiele zeigen zugleich, dass nicht alle Schwulen Friseure oder Flugbegleiter von Beruf sind, ebenso wenig wie alle Muslime Terroristen oder alle Deutschen pflichtbewusst und humorlos sind. Ich glaube auch nicht, dass jede Frau über fünfunddreißig ihre biologische Uhr ticken hört und alle heterosexuellen Männer Fußball mögen. Egal, um welches Klischee es sich handelt, es entmenschlicht und bereitet den Weg für Diskriminierung. Das sollte aufhören, doch leider haben Stereotypen eine lange Tradition und lassen sich nur schwer aus unseren Köpfen löschen. Stilvoll ist das nicht. Denn Stil bedeutet auch, etwas nicht zu verdammen oder zu veralbern, sondern es mindestens zu tolerieren. Toleranz ist immer dann angebracht, wenn wir etwas gefühlsmäßig ablehnen oder nicht verstehen. Natürlich gibt es Dinge, die man grundsätzlich ablehnen, vielleicht sogar bekämpfen sollte oder muss. Aber wenn wir darüber nachdenken merken wir, dass die Liste dieser Dinge nicht sehr lang wird. Gewalt ist ein Beispiel. Doch die meisten Dinge, die uns täglich begegnen und uns schlecht aufstoßen, kann man mit einem

Lächeln tolerieren, auch wenn man die Ansicht oder den Lebensstil nicht teilt. Vielfalt macht die Gesellschaft bunter und bereichert unser aller Leben.

Als ich als Teenager damit begann, mich mit meiner Sexualität und damit auch mit meinem Schwulsein auseinanderzusetzen, wurde etwa zur selben Zeit der HI-Virus entdeckt. Er schürte allgemein große Unsicherheiten und hatte ohne Frage auch Einfluss auf meine persönliche Entwicklung. 1983, damals war ich sechzehn, schrieb der Spiegel: »Die Homosexuellen-Seuche ›AIDS‹, eine tödliche Abwehrschwäche, hat Europa erreicht. Mindestens einhundert Deutsche sind bereits erkrankt, sechs in den letzten Wochen gestorben. Die Ärzte sind ratlos: Über die Ursache wird nur spekuliert, eine Behandlung gibt es nicht. In den nächsten zwei Jahren wird die Zahl der ›AIDS‹-Kranken dramatisch zunehmen. Sind dann auch Heterosexuelle, Frauen und Kinder tödlich gefährdet?« Es herrschte kollektive Panik. Ich las vom Schauspieler Rock Hudson, einem der ersten Prominenten, der an AIDS erkrankt war. Er ließ sich im amerikanischen Krankenhaus in Paris behandeln, brach die Therapie aber ab und wollte heim nach Los Angeles fliegen. Weil ihn wegen seiner Erkrankung keine Fluggesellschaft mitnehmen wollte, musste er einen eigenen Jumbojet chartern. Kurz darauf starb er. Solche Geschichten haben es mir damals nicht unbedingt leichter gemacht, mein Schwulsein zu entdecken, zu akzeptieren und frei auszuleben. Wächst man dann noch in einer Kleinstadt auf, besteht dringender Handlungsbedarf. Durch meinen Umzug nach London entspannte sich die Lage. Inzwischen waren alle Menschen ein bisschen aufgeklärter, Safer Sex hatte sich als Schutz vor Ansteckung bewährt. Ich arbeitete damals neben meinem Studium im Lighthouse-Hospiz für AIDS-Patienten und habe viele Infizierte kommen und sterben sehen. Das hat mich wahnsinnig geprägt. Bis heute praktiziere ich Safer Sex, und mag es noch so hitzig hergehen. Etwas anderes kommt für mich nicht infrage, dann verzichte ich lieber. In dem erwähnten *Spiegel*-Artikel hieß es auch: »Droht eine Pest? Wird AIDS wie ein apokalyptischer Reiter auf schwarzem Ross über die Menschheit kommen? Ist eine moderne Seuche in Sicht, die sich zu Tod, Hunger und Krieg gesellen wird, wie einst im Mittelalter? Oder werden nur die homosexuellen Männer daran glauben müssen?« Wir schwulen Unheilbringer genossen zu dieser Zeit wahrlich keinen guten Ruf. Zum Glück hat sich das inzwischen geändert.

Ich arbeite in der als liberal bekannten Kreativbranche und kann mich an keine berufliche Situation erinnern, in der ich aufgrund meiner Homosexualität Schwierigkeiten gehabt hätte. Im Gegenteil: Als ich Mitte der Neunziger bei Adidas anfing, war das Label noch eine reine Sportmarke und eher maskulin geprägt. Außer mir gab es damals kaum Schwule im Unternehmen und auch nur wenige Frauen. Ich war ein Paradiesvogel und genau deswegen auch der Richtige für den Job des *Global Creative Directors*. Meinen Vorgesetzten, Kollegen und Mitarbeitern hat meine Art zu denken und zu arbeiten gefallen. Diskriminierung und Mobbing habe ich glücklicherweise nie erfahren müssen. In manchen konservativeren Branchen ist es allerdings oft noch immer hinderlich für die Karriere, offen schwul zu leben. Dabei hat unsere sexuelle Ausrichtung im Job nichts verloren. Wir arbeiten alle besser, wenn wir wir selbst sein können, uns nicht verstellen und nicht ständig darüber nachdenken müssen, was wir sagen dürfen und was wir besser verschweigen. Unternehmen, in denen der Vorstand aus Menschen aller Geschlechter, von verschiedener Herkunft und unterschiedlicher sexueller Orientierung besteht, erwirtschaften laut einer Studie übrigens rund 53 Prozent mehr Kapital als Unternehmen, deren Vorstand sich nur aus weißen Männern über vierzig zusammensetzt. Wenn das kein überzeugender Grund für mehr Vielfalt innerhalb der Belegschaft ist, dann weiß ich es auch nicht.

Ein Tabuthema ist das Schwulsein nach wie vor übrigens auch im Profifußball. Outet sich ein Ex-Nationalspieler wie Thomas Hitzlsperger, tut er dies erst nach seiner aktiven Karriere. Und diese Bekanntmachung macht Schlagzeilen. Er wird von Talkshow zu Talkshow gereicht und als etwas Besonderes ausgestellt. Besonders ist aber nur das Outing, nicht das Schwulsein im Profifußball an sich. Ich kann mir einfach nicht vorstellen, dass Hitzlsperger in der langjährigen Geschichte der Bundesliga der einzige schwule Spieler gewesen sein soll. Immerhin sind fünf bis zehn Prozent der der Gesamtbevölkerung homosexuell. Rein rechnerisch müssten darunter also auch aktive Fußballer, deren Fans, Bundeswehrsoldaten, Kirchenvertreter und weit mehr Hollywood-Schauspieler als Kevin Spacey, Ellen Page und Jodie Foster sein. Wirklich gleichberechtigt und offen leben wir erst, wenn das Outing einer Person des öffentlichen Lebens den Journalisten keine Zeile mehr wert ist.

Ehe für alle und keinen

Die ›Ehe für alle‹ war unbestritten ein erster Schritt in die richtige Richtung. Ich stelle mir allerdings die Frage, ob die Ehe allgemein überhaupt noch zu uns passt. Zwar wird meist modern geheiratet, die Ehe bleibt aber dennoch die Ehe, in meinen Augen ein recht altmodisches Konstrukt. Im Römischen Reich galt sie als materielle Stütze der Gesellschaft. Mädchen kamen oft schon mit dreizehn unter die Haube, Jungs mit achtzehn. Arrangiert hatten die Eltern die Eheschließungen quasi schon vor der Zeugung ihrer Kinder. Es waren reine Zweckgemeinschaften mit strengen Regeln. Gefühle spielten keine Rolle. Es ging um die Mitgift, um Geld, Immobilien, Hausrat, Sklaven und Vieh. Bis heute verkauft uns die katholische Kirche die Ehe als von Gott gewollten, natürlichen Lebensbund ohne Ausstiegsmöglichkeit. So ein Unsinn. Liebe und lustvolle Sexualität spielten bis Ende des 18. Jahrhunderts bei Eheschließungen übrigens keine Rolle, die fügten erst die Romantiker hinzu. Klar, wer auch sonst? Doch braucht die Liebe wirklich einen Trauschein? I don't think so. Für mein Gefühl ist das Konzept der Ehe völlig aus der Zeit gefallen. Doch auch die Kirche mischt kräftig mit. Man solle gefälligst monogam leben: »Du sollst nicht ehebrechen«, sagen sie. Wie viel hat das noch mit unserer multioptionalen und freien Gesellschaft zu tun? Wie viel mit dem real gelebten Liebesleben der Menschen? Egal ob mit oder ohne Trauschein, Menschen wollen ihrer Lust und Neugier nachgehen. Und sie tun es, das wissen wir alle. Ach, ich vergaß: Wer fremdgeht, sündigt. Das ist lustig! Ich würde sagen, wer fremdgeht, lebt selbstbestimmt und frei. Die Beziehung entwickelt sich weiter, wenn er das mit seinem Lebenspartner offen teilen kann. Dann entsteht so eine starke, gute Beziehung, wie wir sie uns doch eigentlich alle wünschen.

Unsere westlichen Lebensmodelle sind komplexer geworden, wir bewegen uns in einer Welt der Flexibilität. In Frankreich hat man das schon früher erkannt und Ende der Neunziger den Zivilen Solidaritätspakt (PACS) eingeführt. Er ist leichter zu schließen als eine Ehe und auch leichter wieder aufzulösen. Gedacht war er für gleichgeschlechtliche Partnerschaften und ist in

Sachen Steuern und Erbschaft der Ehe gleichgestellt. Inzwischen nutzen diese Option vor allem heterosexuelle Paare, und die Trennungsrate liegt weit unter der der klassischen Ehe. Ein solcher Bund könnte eine Chance für alle sein, denen die Ehe symbolisch zu aufgeladen ist und die auch mit der Kirche nichts am Hut haben. Die Grünen haben im letzten Jahr einen ähnlichen Vorschlag gemacht, dabei wäre sogar die Erweiterung eines solchen Pakts für das Zusammenleben – kurz Paz – auf mehrere Personen denkbar. Das scheint mir weitaus moderner und passt besser in unsere Zeit. Monogamie ist doch leider ein Auslaufmodell und ein bourgeoises Konzept. Ist es nicht arrogant zu glauben, dass ich allein ein Leben lang alle Wünsche und Bedürfnisse meines Partners erfüllen kann? Immerhin wird angeblich jede zweite Ehe in Deutschland geschieden – traue keiner Statistik –, und schuld daran ist sicher nicht immer nur der Streit um unerledigte Hausarbeit oder die Erziehung der Kids. Sex ist für die eigene Zufriedenheit extrem wichtig, denn er bringt Entspannung und Selbstbestätigung – auch hier gibt es Ausnahmen, für manche Menschen spielt Sex gar keine Rolle. Mir persönlich ist regelmäßiger Sex wichtig, dementsprechend suche ich entsprechende Gelegenheiten, auch wenn ich nicht gerade in einer Beziehung bin. Ganz besonders in Beziehungen ist es manchmal wichtig, bewusst intime, erotische und vertraute Momente zu schaffen. Das gelingt nicht immer leicht. Wenn Sex zwischen zwei monogam lebenden Partnern gar nicht mehr stattfindet und das Problem vorsichtshalber totgeschwiegen wird, dann haben Dritte, Vierte und Fünfte leichtes Spiel. Es gibt immer mal Phasen, in denen Lust und Sex in den Hintergrund rücken. So auch bei mir. Wenn zum Beispiel die Arbeit meine volle Konzentration fordert, ich mitten in einem kreativen Prozess stecke oder enormen Stress habe, steht mir der Sinn meist nicht nach einem lustvollen Date. Dann schon eher nach befreiendem, kreativem Sex.

Sexuelle Freiheit reloaded

Die Freiheit, die die sexuelle Revolution vor einem halben Jahrhundert einläutete, birgt leider auch eine Menge Unsicherheiten. Welche Rolle spielt Sex in der heutigen Zeit? Hat er tatsächlich an Bedeutung gewonnen oder nehmen wir ihn einfach viel zu wichtig? Was ist überhaupt guter Sex? Der Philosoph Platon sah in unseren sexuellen Trieben ein zu ignorierendes Übel, das nur den Verstand verwirrt. Das ist doch mal ein lustiger Gedanke. Über viele Jahrhunderte glaubten die Menschen, Masturbation mache krank. Auch lustig. Seit Siegmund Freud wissen wir, dass das Gegenteil der Fall ist. Die Unterdrückung sexueller Triebe hat Folgen und kann unserer Psyche ernsthaften Schaden zufügen. Allein schon diese Erkenntnis sollte eigentlich zu einem lockeren und entspannten Umgang mit Sex führen, denn er hält uns gesund. Den meisten Menschen fällt ein offener Umgang mit ihrer Sexualität und ihren Bedürfnissen aber sehr schwer. Woran liegt das bloß? Wenn es um unkomplizierten Sex geht, könnte sich meiner Meinung nach mancher Hetero von uns Schwulen eine Scheibe abschneiden. Es ist ja nicht so, dass wir alles flach legen, was nicht bei drei auf dem nächsten Baum ist. Diese Vorstellung bedient nur ein weiteres Klischee, das auf einige, aber eben nicht alle Schwulen zutrifft. Was ich meine, ist vielmehr ein offener Umgang mit den eigenen Trieben und Bedürfnissen und deren Erfüllung. Es kann vorkommen, dass ich in einer Bar stehe, ein Typ reinkommt, wir nur kurz ein paar Blicke wechseln, noch gemeinsam einen Drink nehmen und klar ist, dass wir beide Sex wollen. Nicht mehr, aber auch nicht weniger. Dann geht alles ganz schnell. Bei Heterosexuellen zieht sich das Ritual der Annäherung Stunden, wenn nicht Tage oder Wochen hin. Nur selten habe ich es in meinem Umfeld anders erlebt. Da wird geredet, geflirtet, gebalzt und sich geziert. Mit viel Glück läuft doch noch am selben Abend was, dann fallen beide völlig betrunken übereinander her. Oft aber gehen dem ersten Sex weitere Treffen, Essenseinladungen und Drinks voraus. Eine Beziehung wird trotz aller Bemühungen nicht zwangsläufig daraus, häufig bleibt es bei einem einmaligen erotischen Intermezzo. Wie viel Zeit könnten Heterosexuelle sparen, kämen sie gleich zur Sache? Auch hierfür findet die Biologie eine läppische Begründung. Bei Männern sei das triebsteuernde Testosteron schuld daran, dass sie immer und überall an Sex denken. Testosteron beeinflusst zwar auch die Triebe der Frauen, aber in einem wesentlich geringeren Maße. Rein theoretisch könnte ein Mann unzählige Kinder in demselben Zeitraum zeugen, in dem eine Frau ein einziges austrägt. Dass Heteromänner nicht genauso viel Sex wie Schwule haben, läge demzufolge vor allem daran, dass sie nicht genug willige Frauen finden. Diese Theorie wird von diversen Studien gestützt, die besagen, dass Männer häufiger fremdgehen als Frauen. Allerdings zeigen die Statistiken auch, dass die Zahl der untreuen Frauen steigt. Oder sie zeigen zumindest, dass Frauen heute offener zu ihrer Untreue stehen. Es besteht also offenbar auf allen Seiten Bedarf – an mehr Sex und an einem offeneren Umgang mit ihm.

Sage ich Sex, meine ich nicht allein den Geschlechtsakt, denn Sex entsteht vor allem und zuerst im Kopf. Er ist ein komplexes Zusammenspiel von Gesten, Gefühlen, Empfindungen und Berührungen, bei dem es um Neugier und Leidenschaft geht, um Vertrauen und um Geben und Nehmen. Arbeitet lediglich der eine seine Lust an dem anderen ab, herrscht ein Ungleichgewicht. Dann ist das Ergebnis sicher kein guter und auch kein stylisher Sex. Es sollte immer der Genuss aller Beteiligten im Fokus stehen. Ein Orgasmus verschafft Befriedigung, er baut Spannungen ab. Ein erlebter Orgasmus heißt aber nicht gleich, dass wir den Sex genossen haben. Umgekehrt können wir Sex genießen, ohne zum Höhepunkt zu kommen, weil es eben um mehr als die reine Fleischeslust geht. Für viele Menschen scheint Sex aber eine Art Wettbewerb zu sein, bei dem es irgendetwas zu gewinnen gibt. Häufig gehen die wichtigen Dinge eines intimen Moments in dem Drang unter, abliefern zu müssen, besonders originell oder ausdauernd sein zu wollen. In dem Fall ist Sex leistungsorientiert und verkrampft, und genau das sollte er nicht sein. Er sollte doch berauschen und überwältigen und bloß nicht nach dem immer selben Fahrplan ablaufen. Wir dürfen uns auch nicht der Illusion hingeben, dass stilvoller Sex einzig von der Lust zweier oder mehrerer Partner abhängt. Fehlende Sinnlichkeit und Leidenschaft schmälern das Erlebnis. Liebe kann den Sex verbessern, durch sie verändert er sich. Er kann nach einem Streit versöhnlich wirken oder auch das Vertrauen zweier Menschen stärken. Ich persönlich bin im Bett allerdings wesentlich freier und gelöster, wenn ich nicht liebe. Sex ist für mich nicht zwangsläufig ein Ausdruck von tiefen Gefühlen, und dementsprechend ist Monogamie in meinen Augen nur bedingt sinnvoll. In der schwulen Subkultur gehen wir wertfreier mit Promiskuität um, als das gemeinhin unter Heterosexuellen der Fall ist. Die Exklusivität von Sex behindert uns selbst und unseren Partner dabei, anderen Menschen offen gegenüberzutreten. Meist steht uns an diesem Punkt die Eifersucht, der alte Teufel, im Weg. Davon kann ich selbst leider auch ein Lied singen. Fern jeder Eifersucht bin ich in meinem Denken ganz klar. Ich weiß, dass ich dazu neige, mich in Dinge hineinzusteigern. Und ich weiß auch, dass Eifersucht eher das Gegenteil dessen bewirkt, was ich erreichen möchte. Doch einmal konfrontiert mit der Situation, habe ich meine Emotionen schwer unter Kontrolle. Ich denke und verhalte mich völlig irrational und quäle damit vor allem mich selbst. Im schlimmsten Fall vergraule ich den anderen auch noch. Aus evolutionärer Sicht dient Eifersucht dazu unsere Wachsamkeit zu schärfen und das Interesse an Sex zwecks Fortpflanzung lebendig zu halten. Nüchtern betrachtet entsteht Eifersucht oft und heftig, wenn eine Zweierbindung von außen bedroht zu sein scheint. Nun könnte man denken, dass Eifersucht nicht gerade eine stylishe Eigenschaft ist. Doch macht meiner Meinung nach das Maß den Style. Für mich hat sie nichts mit Besitzanspruch zu tun, sondern mit der Bindung, die ich zu einem Menschen habe. Wenn mein Partner mir gegenüber keinerlei Eifersucht zeigt, kommen mir schnell Zweifel an der Echtheit seiner Gefühle. Manchmal bemühe ich mich dann schon regelrecht darum, Eifersucht zu provozieren! Im richtigen Maß kann Eifersucht nämlich eine ziemlich deutliche Liebeserklärung sein. Das ist mutig und hat schon allein deswegen Style. Mit diesen Gefühlen zu spielen, sie aber klar an sich selbst zu erkennen und zu analysieren, das ist ein Gebiet für Fortgeschrittene. Ich bin dran.

Das Prinzip der Sexchemie

Für ein erfülltes und stilvolles Sexleben ist die Trennung von echter Liebe und reinem Sex meiner Meinung nach unumgänglich. Die sexuelle Stimulation zählt zu den stärksten sensorischen Erfahrungen, die wir haben können. Warum also darauf verzichten oder sie durch Gewissensbisse minimieren? Wenn wir wissen, was wir wollen, und es offen aussprechen, erleben wir den besseren, intensiveren und damit auch den stilvolleren Sex. Voraussetzung dafür ist natürlich, dass im eigenen Bett und dem Dritter nur Dinge im Einvernehmen aller aktiv und passiv Beteiligten passieren. Heute wird es Heterosexuellen wie Homosexuellen leicht gemacht, einen Sexualpartner zu finden. Standen wir früher stundenlang in der Hoffnung auf Erfolg in irgendwelchen Bars herum, um am Ende der Nacht doch allein nach Hause zu gehen, können wir uns heute auf dem Sofa durch Dating-Apps wischen. Ein Fortschritt. In diesem Bereich funktioniert das verstärkt heterosexuelle Tinder nicht anders als das schwule Pendant Grindr. Bei beiden geht es in erster Linie um schnellen, unkomplizierten und vor allem unverbindlichen Sex, nicht um die Suche nach einer ernsthaften Partnerschaft. Manch ein User behauptet über Tinder nur nette Bekanntschaften machen zu wollen. So so. Diese Benutzer sollten sich vergegenwärtigen, dass bestimmt die meisten der Tinder-User bereits einen Partner haben. Sie suchen dort Sex, keine neue Liebe. Ausgewählt wird nach optischen und sexuellen Vorlieben – großer Penis, kleine Brüste, aktiv, passiv, Tantra, Sadomaso oder Rollenspiele. Die Suche nach Sex mithilfe von Apps scheint wesentlich effektiver zu sein, als im Offline-Leben darauf zu hoffen, einem passenden Gegenüber spontan zu begegnen. Allerdings kann das sexuelle Überangebot schwache Charaktere schon mal in die Abhängigkeit zwingen. Manche werden süchtig nach der scheinbaren Bestätigung, die ihnen der Sex mit wechselnden Geschlechtspartnern liefert – doch Vorsicht, diese Bestätigung funktioniert sehr oberflächlich. Und sollte doch einmal jemand dabei sein, der einen zweiten oder dritten Blick lohnt, bemerkt man es vermutlich nicht, denn längst ist man schon wieder auf dem Weg zum nächsten ›Match‹.

Ich habe einen Freund, der alle Gay-Dating-Apps auf seinem Smartphone hat, die der Markt so hergibt – von Grindr über PlanetRomeo und Scruff bis hin zu Daddyhunt. Wann immer ich ihn treffe, sein Handy vibriert und blinkt ununterbrochen. So passiert es häufig, dass er von einer Sekunde auf die andere ganz dringend zu einem superwichtigen Termin muss. Bevor er verschwindet, amüsiert er mich mit hübschen Ausreden. Vielleicht muss er spät am Abend noch in die Werkstatt, um seine Winterreifen aufziehen zu lassen – im August. Dabei wissen alle Anwesenden, dass er in einer der Apps einen Treffer gelandet hat und sich auf den Weg macht, um schnellen Sex mit einem seiner ›Matches‹ zu haben. So sehr ich Sex liebe und so gerne ich auch Dates habe, auf diese Weise wäre mir das zu anstrengend. Ein ›Match‹ bietet natürlich keine Garantie für gelungenen Sex. Beim ersten Aufeinandertreffen muss trotz aller Gemeinsamkeiten die Chemie stimmen, damit etwas Gutes entsteht. Dinge wie Geruch und Geschmack lassen sich auch heute noch nicht digital vermitteln. Nicht einmal immer direkt beim ersten Drink an der Bar. Es kam schon vor, dass ich erst zu Hause merkte, dass irgendetwas an dem Mann nicht stimmte, den ich gerade erfolgreich abgeschleppt hatte. Zwar fand ich ihn äußerlich attraktiv, doch ich konnte ihn im wahrsten Sinne des Wortes nicht riechen. Das Projekt Sex dann mutig wie höflich abzubrechen, hat übrigens mehr Stil, als seine und meine Zeit – nach dem Prinzip ›Nase zu und durch‹ – weiter zu verschwenden. Der Nachgeschmack, der nach einer solchen Nacht sonst bleibt, ist einfach zu bitter.

Die Möglichkeiten der digitalen Plattformen helfen vielen Menschen dabei, sich auszuprobieren, Neues zu entdecken und ihre – bis dato vielleicht geheimen – Triebe zu befriedigen. Das ist gut so. Ich mag dennoch vor allem diesen speziellen Moment im realen Leben – an einer Hotelbar, in einem Club oder einem Restaurant –, in dem ich zufällig jemanden treffe, mit dem sofort die Chemie stimmt. Ein solcher Moment erfordert mehr Mut als ein Wisch nach rechts, doch ist das Ergebnis für mich weitaus befriedigender. Dann kann es schon nach nicht einmal einer Stunde zum Sex kommen. Oder ich nehme mir mehr Zeit, um die erotische Spannung noch etwas aufzubauen. Das ist zum einen von meiner eigenen Stimmung, zum anderen natürlich von meinem Gegenüber abhängig. Denn mein zweiter Blick bei einem Mann geht immer nach unten. Nein, nicht in seinen Schritt, noch weiter nach unten. Zu den Schuhen. Mir ist wichtig, was für Schuhe er trägt. Sie sind ein Seismograph für unsere gemeinsame Zukunft. So kurz sie auch sein mag. »Wird das nur eine schnelle Nummer oder könnte mehr daraus werden?«, denke ich während ich ihn anlächle.

Spielen wir einmal drei typische Szenarien mit Männern durch, mit denen ich potenziell im Bett landen könnte. Alle drei Typen sind sehr unterschiedliche Persönlichkeiten, und das lässt sich schon an ihrem Schuhwerk erkennen. Variante eins trägt stylishe Designer-Sneakers. Er hat unübersehbar Stil, ist dennoch unkonventionell und passt zu mir. Dieser Mann, nennen wir ihn Marc, könnte ein Kandidat für mehr als nur ein Sextreffen sein. Schon aus diesem Grund verdient er meine allerhöchste Aufmerksamkeit und das Privileg, mich zu Hause besuchen zu dürfen. Ich lade Marc deshalb auf einen Drink zu mir ein. Kein Dinner, weil ich die Dinge nach seinem Eintreffen nicht unnötig in die Länge ziehen möchte. Für die passende Stimmung sorge ich durch angenehmen Raumduft und romantisches Kerzenlicht. Ich begrüße ihn freundlich, aber noch zurückhaltend, und bitte ihn, seine hübschen Sneakers in der Diele auszuziehen. So cool sie auch sein mögen, in meiner Wohnung haben sie nichts verloren. Dieses Ritual ist außerdem für den ersten Schritt meiner Annäherung wichtig. Sofern Marc jetzt nicht direkt die Flucht ergriffen hat, nehme ich ihm seine Jacke ab. Dann reiche ich ihm ein Glas Wein oder einen Cocktail und bitte ihn, im Wohnzimmer angekommen, Platz zu nehmen. Setzt Marc sich aufs Sofa, entscheide ich mich für einen Stuhl, den ich im rechten Winkel zu ihm platziere. Auf diese Weise kann ich ihm bei der nun folgenden Unterhaltung in die Augen sehen. Während wir über dieses und jenes plaudern, nähere ich mich seinem bestrumpften Fuß vorsichtig mit meinem eigenen. Lässt Marc das zu, weiß ich, dass er dasselbe Ziel verfolgt wie ich. Jetzt dauert es nicht mehr lang, bis wir im Schlafzimmer landen. Zieht Marc seinen Fuß aber zurück, dauert es ebenfalls nicht lange, bis ich ihn höflich aber bestimmt aus meiner Wohnung komplementiere. Seine Reaktion deute ich als Zeichen von Desinteresse und verschwende daher keine weitere Zeit an dieses Projekt.

Ganz anders verhalte ich mich, wenn mein Zielobjekt an der Bar rahmengenähte Budapester trägt – Variante zwei. Nennen wir ihn David. Er ist charmant und leidenschaftlich, weiß allerdings um seine Anziehungskraft und hat keine Skrupel, sie gezielt einzusetzen. Ein Connaisseur, der schöne Dinge liebt und dem das Beste gerade gut genug ist. In diesem Fall ziehe ich einen neutralen Treffpunkt für unser erstes Date vor. Ich möchte meine Wohnung nicht zu einem Ort der Erinnerungen an ihn und unsere gemeinsame Nacht machen, um mich vor möglichem Herzschmerz zu schützen. Also suche ich ein erstklassiges Restaurant heraus, im Anschluss gehen wir in eines der besten Hotels der Stadt. Bin ich mir meiner Sache sicher, habe ich dort bereits vorher ein Zimmer reserviert. Kann ich nicht genau abschätzen, was der Abend bringt, lasse ich es darauf ankommen. Läuft doch alles nach Plan, suchen David und ich eben gemeinsam die Hotelrezeption auf und buchen die Lovesuite. In meiner Tasche habe ich eine kleine Bluetooth-Box, um im Hotelzimmer für die richtige Musik zu sorgen. Was zu David und der Nacht passt, entscheide ich situativ. Zudem habe ich ein exklusives Massageöl bei mir, das in der ersten Stunde ausgiebig zum Einsatz kommt. Eine ausdauernde Massage sorgt zum einen für eine gute Geruchsatmosphäre, zum anderen ist David danach in der perfekten Stimmung für alles, was folgt. Am Morgen verabschiede ich ihn mit langen Küssen und hoffe auf mehr.

Im dritten Szenario treffe ich auf Alex, er trägt sportliche Sneakers von Nike oder Adidas. Ich schätze ihn als lockeren Freigeist ein, der weiß, was er will, und der sexuell selbstbewusst und offen ist. Entsprechend unkompliziert sollte das Date mit Alex verlaufen. Weil ich davon ausgehe, dass der Sex extrem leidenschaftlich wird, möchte ich das dadurch entstehende Chaos nicht in meiner eigenen Wohnung erleben. Vorab habe ich durch geschicktes Nachfragen in Erfahrung gebracht, wo und wie Alex lebt. Studenten-WG oder Ein-Zimmer-Apartment wären Ausschlusskriterien für mich. In dem Fall greife ich auch hier auf ein Hotelzimmer zurück, allerdings ohne Musik und Massageöl. Wir wollen ja zur Sache kommen. Gefällt mir jedoch, was er über seine Wohnung erzählt, geht alles ganz schnell. Ein zwei Drinks in der Bar, dann ab ins Taxi und direkt zu ihm nach Hause. Dort angekommen, wird nicht lange drum herum geredet. Noch in der

Diele reißen wir uns die Klamotten vom Leib. Wenig Romantik, wenig Vorspiel, quick and dirty. Wahrscheinlich verlasse ich nicht nur seine Wohnung noch in der Nacht.

Man kann demzufolge typabhängig auf unterschiedliche Arten Sex haben. Das ist soweit nichts Neues. Was wem gefällt und mit welchem Partner man welchen Sex hat, ist genauso eine Typfrage wie eine Frage der Erfahrungen. Stilvoll, und damit meine ich auch: Schöner, wird der Sex dann, wenn er für beide Seiten ein angenehmes Erlebnis bietet. Welcher Weg für uns selbst der richtige ist, finden wir nur durch Ausprobieren heraus. Aber ich überlasse es nicht dem Zufall. Ich versuche, mich und mein Gegenüber aktiv in die richtige, passende Situation zu führen. Ich lasse mich gern treiben, aber erst im Bett. Ob es Musik gibt, Massage oder Duft. Ob im Hotel oder bei mir oder doch besser bei ihm – das möchte ich steuern. Die Erlebnisse sind besser in jederlei Hinsicht, wenn ich vorher darüber nachdenke, wie der Abend verlaufen soll. Auch helfen mir meine kleinen Szenarien, Enttäuschungen zu vermeiden. Selbstbestimmung ist Pflicht für die Entwicklung von Style. Nur wenn es um Sex geht, sind viele – vor allem heterosexuelle – Menschen seltsam zurückhaltend. Erst trauen sie sich nicht und wenn sie sich dann trauen, wissen sie nicht was sie tun. Ich sage bewusst, »viele«, nicht alle.

Bei Frauen mag diese Zurückhaltung auf den traurigen Umstand zurück zu führen sein, dass sie beim Ausleben ihrer Wünsche und Triebe oder etwas freizügigerem Verhalten immer noch schnell als »Schlampen« abgestempelt werden. Eine komplett unzeitgemäße und merkwürdige Sichtweise. Darüber sollten wir im 21. Jahrhundert langsam mal hinweg sein, finde ich. In der Sexualforschung hat man festgestellt, dass das sexuelle Interesse der Frau an ihrem festen Partner nach zwei bis drei Jahren nachlässt, während es sich bei ihm kaum vermindert. Entgegen der landläufigen Meinung können Frauen Liebe und Sex sehr wohl voneinander trennen. Das bestätigen mir auch meine Freundinnen immer wieder. Sie wagen nur selten einen Seitensprung oder haben Sex ohne verliebt zu sein – und vermuten die Ursache dafür in ihrer kulturellen Prägung und Erziehung. Der Körper ist willig, doch die Ratio ignoriert und verdrängt seine Triebe lieber, weil die sich angeblich nicht ›gehören‹. Studien haben gezeigt, dass Frauen durch erotische Szenen ganz ähnlich erregt werden wie Männer, sie geben es nur seltener zu. In unserer Zeit, in der Sexualität allgegenwärtig ist und wir uns beinahe ohne Tabus ausleben können, ist dieses aufgezwungene Verhalten für mich nicht nachvollziehbar. Eine Veränderung in den Köpfen der Frauen, aber auch denen der Heteromänner könnte helfen, diesen Knoten endlich einmal platzen zu lassen.

Doch es bleibt schwierig, wie wir aktuell sehen. Noch immer glauben nicht wenige Männer, sie seien auf einer Jagd. Und das Wild hat einen Busen, viel mehr scheint manchen Männergehirnen nicht nötig zu sein. Ich habe Freundinnen, die in unterschiedlichsten Situationen begrapscht oder zumindest verbal angemacht wurden. Allerdings sind sich offenbar nicht alle Frauen einig, wo sexuelle Belästigung überhaupt anfängt. Diese Einschätzung bleibt scheinbar subjektiv. Manche meiner heterosexuellen Freunde bedauern deshalb, dass sie sich nicht einmal mehr trauen, einer Frau auch nur ein Kompliment zu machen. Das nun wieder will niemand, auch die Frauen nicht. Es kommt demnach auf die Wortwahl und den Rezipienten an. Ein erwachsener, aufgeklärter Mensch sollte genug Feingefühl und Menschenkenntnis besitzen, um den Moment und sein Gegenüber einschätzen zu können und seine Annäherung entsprechend zu artikulieren. Manchmal ist situations- und personenabhängig eine auch plumpe Anmache genau das richtige. Oftmals bedarf es aber eben ein wenig mehr Fingerspitzengefühl. Eins steht fest: Ein »Nein, danke.« heißt eben genau das: nein.

Dreisam? Zweisam? Einsam?

Ob hetero- oder homosexuell, uns allen stellt sich die Frage, welches Beziehungsmodell das beste für uns scheint: Monogamie, Polygamie oder am Ende sogar Polyamorie, die gleichwertige Liebesbeziehung mit mehreren Partnern, die unterschiedliche Bedürfnisse befriedigen? Mit dem einen tiefgründige Gespräche führen, mit dem anderen zum Feiern in den Club und mit dem dritten den besten Sex erleben? Echte Liebe findet nur über Respekt statt, wie viel sie aushält, muss jeder für sich selbst herausfinden. Ich kann mir eine polyamore Beziehung nicht vorstellen, doch bin ich ohnehin kein guter Beziehungsratgeber. Ich lebe gern allein und lasse mich immer nur für ein paar Wochen oder Monate mal auf etwas Festes ein. Und ich vermisse nichts, laufe nicht ausgehungert auf der Suche nach Liebe durch die Straßen und Bars und hoffe, endlich den Mann fürs Leben zu finden. Ich bin genügsam und führe lieber keine Beziehung als eine unbefriedigende oder nervtötende. Gegenüber echten Gefühlen bin aber auch ich nicht immun. Ein Mann, für den ich mich interessiere, kann mich schon aus der Reserve locken, bis mir jegliche Form von Style abhandenkommt. Nun ja.

Es gibt eine Geschichte, auf die ich nicht stolz bin, die aber zeigt, wie man es nicht machen sollte. Es liegt schon ein paar Jahre zurück, und im Nachhinein weiß ich nicht einmal mehr, warum ich mich für diesen Mann damals so aufgerieben habe. Ich war aus irgendeinem Grund furchtbar sauer auf ihn. So sauer, dass ich – als er nach einem Streit meine Wohnung verlassen hatte – all den Schmuck, den er mir im Laufe unserer gemeinsamen Zeit geschenkt hatte, mit beiden Händen aus dem Wohnzimmerfenster warf. Es war tiefster Winter, und auf der Baustelle gegenüber lag zentimeterhoch der Schnee. Die Ketten – es waren teure Rosenkränze, an denen mein Ex-Lover die Kreuze entfernt hatte, weil er mit der Kirche nichts zu tun haben wollte – flogen in alle Richtungen und versanken im tiefen Weiß. Im ersten Moment war dieser Akt wahnsinnig befreiend, doch kurz danach plagte mich das schlechte Gewissen. Was, wenn wir uns wieder vertragen und ich ihm erklären muss, was mit seinen Geschenken passiert ist? In meiner Verzweiflung rief ich mehrere Freunde an, die ich zu mir bestellte, damit sie mir bei der Suche nach den Rosenkränzen halfen. Sie kamen, und gemeinsam kletterten wir bei eisiger Kälte mitten in der Nacht, bewaffnet mit Taschenlampen, über den Bauzaun. Gefühlte Stunden haben wir das komplette Gelände abgesucht, trotzdem ist nicht eine einzige Kette wieder aufgetaucht. Das war nicht nur peinlich, sondern auch frustrierend. Tatsächlich kamen dieser Mann und ich noch ein paar Mal zusammen, und natürlich fragte er nach dem Schmuck, den ich zuvor täglich getragen hatte. Eine Weile konnte ich mich durch geschickte Themenwechsel aus der Affäre ziehen, bis ich ihm eines Tages gestand, was ich getan hatte. Er hat nicht gelacht. Dass aus uns nichts Längeres wurde, lag allerdings nicht an meiner Aktion an jenem Abend, dafür gab es tausend andere Gründe. Heute steht auf dem Gelände ein Apartmenthotel. Ich hoffe, die Bauarbeiter haben sich gefreut, als sie die Rosenkränze fanden. Zumindest dürften sie sich gewundert haben. Bis heute frage ich mich, warum mir damals die Sicherungen durchgebrannt sind, und es gibt einfach keine zufriedenstellende Antwort darauf. Bei starken Emotionen gibt es kein Richtig und kein Falsch, keine Moral und keine Tugend. Ich hätte die Situation mit mehr Stil lösen können. Ich hätte das Gespräch suchen und meinen Verstand nutzen sollen, nur setzt der in solchen Momenten gerne mal aus. Auch im Anschluss an die Aktion war mein Verhalten nicht besonders stilvoll. Ich hätte ihm sofort sagen müssen, was mit den Ketten passiert ist. Wir wissen oft, dass wir mit einer Entschuldigung weiterkämen. Dass sie die Beziehung, unser Verhältnis zueinander verbessern würde. Trotzdem können wir nicht aus unserer Haut und glauben, das Eingestehen eines Fehlers würde unsere Position schwächen.

Aber wie lebt man zufrieden? Wie in beinahe jedem Lebensbereich wird uns auch in der Liebe immer noch eine bessere Option geboten – oder scheinbar geboten. Unser Drang zur Lebensoptimierung macht uns häufig einen Strich durch die Rechnung und wir werden noch bindungsunwilliger. Immer glauben wir, noch nicht das Maximum an Glück und Emotionen erreicht zu haben. Die Dating-Portale und -Apps gaukeln uns vor, dass schon um die nächste Ecke etwas Besseres auf uns wartet. Liebe ist zum Konsumgut geworden. Kaum jemand investiert noch die Zeit, seine angeschlagene Beziehung zu retten. Warum auch an etwas festhalten, das offensichtlich nicht funktioniert? Unsere Ansprüche an das, was eine gute Beziehung leisten muss, sind gestiegen, und dem sollten wir Beachtung schenken. Auch ich beende eine Geschichte lieber sofort, wenn sie mir nicht guttut oder sie meine Bedürfnisse nicht erfüllt, als länger an ihr festzuhalten. Das tut kurz weh, doch schon wenig später stehe ich wieder auf, klopfe mir den Staub von der Hose und bin bereit für etwas Neues, etwas Besseres. Das klingt jetzt extrem vernünftig und erwachsen, leider klappt es nicht immer ganz so, wie ich es mir vornehme. Einmal habe ich den gesamten Sommer gebraucht, um mich von jemandem zu trennen. Irgendwie habe ich nie den richtigen Moment dafür gefunden, dann wieder fehlten mir die passenden Worte. Als es endlich passierte, war es halb so schlimm, und ich habe mich gefragt, warum ich so lange damit gewartet hatte. Das hat jeder schon erlebt. Das Beenden von Affären oder Bindungen, die länger als eine Nacht dauerten, ist etwas, woran ich in Zukunft definitiv noch arbeiten muss, da bin ich nicht immer besonders stylish. Wenn ich aber schon nach dem ersten Date weiß, dass aus der Sache nichts wird, finde ich es völlig in Ordnung, weitere Bemühungen umgehend einzustellen. Dann beantworte ich oft nicht einmal mehr die Anrufe und SMS dieser Person. Ich habe gelesen, dass es sogar wissenschaftlich erwiesen ist, dass homosexuelle Beziehungen eine kürzere Halbwertzeit haben als heterosexuelle. Diese Studie aus dem liberalen Schweden hat gezeigt, dass sich dreißig Prozent der schwulen Paare bereits innerhalb von fünf Jahren wieder trennen, bei den Heteros seien es nur dreizehn Prozent. Die Forscher gehen davon aus, dass wir höhere Ansprüche an eine Partnerschaft stellen und deswegen schneller enttäuscht sind. Und das ist gut so, denn entgegengesetzt dazu soll das Festhalten an der Heterobeziehung einer traditionellen Anspruchslosigkeit sowie einer hohen Frustrationstoleranz geschuldet sein. Diese Einstellung kann doch nicht die Antwort auf die Frage nach einem guten Beziehungsleben sein.

Es ist schwerer, sich zu binden, wenn man sich nicht anpassen möchte und wenig Lust auf Kompromisse hat. Unmöglich ist es aber sicher nicht, sondern nur eine Typfrage und abhängig von den jeweiligen Prioritäten. Mir ist meine Autonomie wichtiger als eine Zweierbeziehung. Letztere ist für mein Gefühl doch immer ein Spagat zwischen Anpassung und Selbstbehauptung, der eben nicht jedem gelingt. Dann besteht das Leben irgendwann nur noch aus Kompromissen, mit denen mindestens einer von beiden unglücklich ist. Auch ein goldener Käfig ist und bleibt ein Käfig, egal, wie man ihn dreht und wendet. Wenn alle Versuche eines klärenden Gesprächs innerhalb einer Beziehung keine Veränderung bringen, ist es an der Zeit, sich davon zu verabschieden. Doch wie trennt man sich mit Style? Eine schier unlösbare Aufgabe, sofern es nicht in beidseitigem Einvernehmen passiert. Die wenigsten Trennungen laufen rational und friedlich ab. In der Regel kochen die Emotionen hoch, wir streiten oder weinen, meist geschieht beides gleichzeitig. Das Wichtigste bei einer stilvollen Trennung ist meiner Meinung nach ein sauberer Cut, keine Hinhaltetaktiken, kein offengelassenes Hintertürchen. Ein echtes Ende, zwar mit Schrecken, aber ohne die Möglichkeit eines Zurücks. Bei längeren Beziehungen sollte das abschließende Gespräch von Angesicht zu Angesicht stattfinden. Das ist man dem Menschen, den man mal geliebt hat, einfach schuldig. Nach einer kurzen, emotionslosen Affäre dürfen wir uns auch ruhig durch sofortigen Rückzug aus der Situation befreien. Eine etwas weniger drastische Methode als das sogenannte ›Ghosting‹, also das plötzliche Verschwinden aus dem Leben des anderen, ist, in der digitalen Kommunikation auf Verben zu verzichten. So mache ich es, und spätestens nach dem Lesen dieses Buchs wissen das wohl leider auch ehemalige und angehende Verflossene. Ich gebe nur noch knappe, unpersönliche Antworten wie »Heute nicht«, »Keine Zeit«, »Nein danke«. Das lässt im besten Fall auch bei dem anderen das Gefühl von Nähe verschwinden. Nach einem kurzen Intermezzo hält sich mein Verantwortungsgefühl in

Grenzen, ging eine Geschichte aber länger als ein paar Wochen, sind Offenheit und klare Ansagen nötig, ohne dabei verletzend zu werden. Denn seien wir doch mal realistisch: Wie viele Menschen finden in ihrem Leben eine Liebe, die ewig währt? Meist verflüchtigen sich die Gefühle irgendwann – mal früher, mal später, mal schleichend, mal plötzlich. An die romantische Vorstellung, es gäbe irgendwo auf dieser Welt den einen idealen Partner für jeden, man müsse ihn nur finden, glaube ich nicht. Doch scheint es für viele das höchste Ziel zu sein, jemanden an ihrer Seite zu haben, mit dem sie eine Einheit bilden können. Wenn Paare dann aber nur noch als solche funktionieren, dieselben Dinge sagen und sich auch optisch immer mehr angleichen, ist das für mich kein Zeichen dafür, dass sie füreinander bestimmt sind. Im Gegenteil. Die Auflösung der eigenen Individualität in einer Zweierbeziehung scheint mir der Anfang vom Ende. Spätestens dann ist es an der Zeit, die Trennung einzuläuten, um erst mal wieder zu sich selbst zu finden.

Ein Freund von mir zeigt übrigens auf wunderbare Weise, wie man sich stilvoll trennt. Ich kenne niemanden sonst, der mit Trennungen derartig fair und einfühlsam umgeht. Beendet er eine Liebschaft, ist er immer um ein gutes Verhältnis zum Ex bemüht. Er lässt seine Verflossenen weiter bei sich wohnen, mancher von ihnen arbeitet sogar heute noch in seiner Firma. Das behält er bei, auch wenn es zuvor viel Streit gab oder er selbst längst in einer neuen Liebesgeschichte steckt. Dieser Freund schafft es, mit all seinen Ex-Partnern befreundet zu bleiben. Das zeugt für mich von sehr viel Style und einer großen Persönlichkeit. Ich selbst habe in dem Punkt, wie schon beschrieben, leider noch nicht zu meiner Bestform gefunden.

VON POPMUSIK BIS INSTAGRAM

Mein Vater ist ein großer Fan der Beatles, für ihn muss Musik handgemacht sein. Als leidenschaftlicher Gitarrist und Bassist hat er einen Großteil seines Lebens selbst in Bands gespielt. Schon aus diesem Grund war Musik in meiner Kindheit und Jugend allgegenwärtig, die Anlage lief bei uns zu Hause beinahe rund um die Uhr. Wohl auch deshalb kann ich mir ein Leben ohne Musik nicht vorstellen. Meine Liebe gilt allerdings dem Sound von Synthesizern: Bands wie Culture Club, Spandau Ballet und Duran Duran haben mich in den Achtzigerjahren geprägt. Mein Vater hat das nie verstanden, ihm ist diese Art von Musik immer fremd geblieben. Trotzdem schenkte er mir zu einem meiner Teenager-Geburtstage eine Karte für meine damalige Lieblingsband A Flock of Seagulls, ein New-Wave-Quartett aus Liverpool mit Hits wie »I Ran« und »Wishing«. Ich war noch minderjährig, also musste mich mein Vater zum Konzert begleiten. Weder er noch ich fanden das besonders prickelnd, doch wir hatten eben keine Wahl. Nun stand er da, der Rockmusikfan mit den langen Haaren, von Kopf bis Fuß in Jeans gekleidet, zwischen all den aufgerüschten

Synthie-Pop-Fans mit Lidstrich und Nagellack. Ich glaube, ihm ist dieser verregnete Abend im Hamburger Stadtpark nicht unbedingt als Highlight der Freizeitgestaltung in Erinnerung geblieben. »Die können ja gar nicht Gitarre spielen«, bemerkte er trocken, als A Flock of Seagulls die Bühne betraten und hinter ihrem Synthesizer und vor den Mikrofonen Stellung bezogen. Alle vier trugen bonbonfarbene Jacketts mit riesigen Schulterpolstern, geometrisch gemusterte T-Shirts, dazu knallige Bundfaltenhosen. Frontmann Mike Score, früher mal Friseur, hatte die blonden Haare an den Seiten hochtoupiert. Der Pony lief über dem linken Auge spitz zu, sodass sich in der Mitte des Kopfes eine dreieckige Landebahn gebildet hatte. Eigentlich verwunderlich, dass während des gesamten Konzerts kein einziger Vogel davon Gebrauch machte. Es waren für meinen Vater vermutlich die zwei längsten Stunden seines Lebens. Wir sprachen nie wieder über diesen Abend im Stadtpark, denn leider war es ihm nicht eine Sekunde gelungen, seine Missbilligung gegenüber der Band und ihrer Plastikmusik zu überspielen. Mir hat seine Laune das Erlebnis ziemlich vermiest, so sehr ich die Geste des Geschenks bis heute auch zu schätzen weiß.

Music was my first love

Musik ist für mich wahnsinnig wichtig. Sie begleitet mich täglich, rund um die Uhr. Ich stehe morgens mit Musik auf, höre sie unterwegs, auf der Arbeit und bis zur letzten wachen Sekunde des Tages, ehe ich mich abends wieder ins Bett lege. Und auch hier macht sich meine Neugier sehr bemerkbar: Immer will ich wissen, was gerade neu auf den Markt gekommen ist. Also höre ich mich bei einem der Streaming-Dienste durch sämtliche Neuveröffentlichungen. Habe ich einmal etwas entdeckt, das mir gefällt, schubse ich es auf eine meiner Best-of-Playlisten. Die höre ich vor allem gerne beim Arbeiten. Um noch mehr neue Musik zu entdecken, schalte ich Ibiza Global Radio oder die Digitalradiofunktion von Shazam ein. Der Einheitsbrei klassischer Radiosender interessiert mich dagegen überhaupt nicht, zumal ich lieber selbst bestimme, was ich gerade hören möchte, denn das ist stark von meiner Laune abhängig. Nach einer schmerzhaften Trennung zum Beispiel will ich erst mal eine Weile vor Selbstmitleid zerfließen und den Liebeskummer zelebrieren. Das geht mit der passenden Musik viel besser, und dementsprechend habe ich lange Playlisten voller Herzschmerzsongs, die in solchen Momenten in Dauerschleife laufen. Diese Phase ist für die Verarbeitung des Kummers enorm wichtig. Nach einigen Tagen zündet die zweite Stufe der Liebeskummerbewältigung. Ich höre wütende Anti-Liebeslieder, die mich aus dem Tief wieder herauspeitschen. Dann pfeife ich auf alles, vor allem auf den, der mir einen Korb gegeben hat. Ich realisiere mithilfe der Musik, dass nicht ich ein Problem habe, sondern er, weil er etwas verpasst: mich! Das Gesamtpaket Michael Michalsky! Dieser Gedanke zündet dann auch schnell die Phase, in der ich wieder über mich selbst lachen kann. Ganz selten habe ich aber auch mal stille Tage. Nach einer meiner *StyleNites* zum Beispiel. Die aufwendigen Shows verlangen meinem Nervenkostüm viel ab. Vor allem am Veranstaltungstag selbst ist es um mich herum laut und hektisch. Jeder will etwas von mir, ständig muss ich noch die letzten Entscheidungen treffen oder auf unvorhersehbare Entwicklungen reagieren. Auch bei dem Event selbst spielt Musik dann eine tragende Rolle. Nach so einer Veranstaltung herrscht privat erst einmal eine Weile Ruhe, während ich die visuellen und akustischen Eindrücke verarbeite. Lange halte ich das allerdings nicht aus, spätestens am nächsten Nachmittag schalte ich die Musik schon wieder ein.

Fashion und Musik sind nicht nur für mich persönlich schon immer untrennbar miteinander verknüpft. Sie bedingen und beeinflussen sich gegenseitig. Anhänger einer Musikrichtung eifern deren Machern nach, übernehmen ihre Lebensweisen, Haltungen und auch das äußere Erscheinungsbild: Auf diese Weise entstehen neue Modetrends. Derartige Strömungen stellen einen Spiegel der Gesellschaft dar und zeigen auf, wohin sie sich entwickelt. Wie die Musik erlebt auch die Mode immer wieder Renaissancen, sie wiederholt sich periodisch. Trends in der Mode erneuern, verbessern und überholen sich heute mit einer höheren Geschwindigkeit als musikalische Trends. Auf kommerzieller Ebene wachsen Mode und Musik dagegen immer enger zusammen. Liveauftritte von Musikern gehören bei Fashion Shows inzwischen zum Standard. Der Designer lädt Band XY und DJ YZ zu seiner Show ein und nutzt deren Sound, um seine Message zu transportieren. Andersherum dient Mode Künstlern dazu, ein Statement zu setzen. Ihr Look unterstreicht die Musik, die sie machen, das Genre, in dem sie sich bewegen. Eine intensive Auseinandersetzung mit Musik prägt den eigenen Stil eklatant.

Ich höre mir alles an, was ich interessant finde, auch wenn ich es nicht sofort verstehe. Und darum geht es beim Thema Stil: eine offene Haltung gegenüber allem Neuen. Doch ich muss zugeben, dass es für mich ein No-Go in Sachen Musik gibt. Eine Abneigung, die ich nicht überwinden kann und die mir fast körperliche Schmerzen bereitet, wie ich vor einigen Jahren feststellen musste. Damals lernte ich an einem Abend in einer Bar einen Mann kennen, nennen wir ihn mal Tim. Er war ein attraktiver Kerl, hochgewachsen, dichtes dunkles Haar, markante Gesichtszüge, Dreitagebart, coole Klamotten. Wir unterhielten uns eine Weile angeregt, und ich stellte fest, dass er außerdem wirklich nett und witzig war. Schon wenige Drinks und einige Küsse später saßen wir gemeinsam im Taxi und fuhren zu mir nach Hause. Dort hatten wir mehrfach fantastischen Sex, und Tim blieb bis zum nächsten Morgen. Ich richtete sogar noch ein Frühstück her, für meine Verhältnisse bei einem One-Night-Stand eher eine Seltenheit. Ich konnte mir im ersten Moment des Verknalltseins allerdings durchaus mehr mit Tim vorstellen. Etwas, woran ich im Normalfall in einer solchen Situation keinen Gedanken verschwende. Doch auch Tim schien ernsthaft an mir interessiert zu sein, also verabredeten wir uns gleich wieder für den übernächsten Tag. Er lud mich zum Essen in seine Wohnung in Berlin-Charlottenburg ein. Perfekt, denn schon in der Anfangsphase einer Beziehung das Zuhause eines Menschen kennenzulernen, kann dir viel Zeit ersparen. Wie jemand wohnt, ist ein Spiegel seiner Persönlichkeit. Dadurch erkenne ich schnell, ob der Lebensentwurf eines Mannes zu meinem eigenen passt. Allerdings sollte das mit Tim und mir nicht am falschen Interieur scheitern. Er hatte seine Altbauwohnung gemütlich eingerichtet, wenn auch nicht alles darin genau meinen Geschmack traf. Aber ich konnte hier und da Potenzial erkennen. Bei diesem Mann waren Hopfen und Malz also noch nicht verloren. Ähnlich nervös wie ich hatte Tim mir schon an der Wohnungstür ein Glas Rotwein in die Hand gedrückt, mich ins Wohnzimmer gebeten und war wieder in der Küche verschwunden. Ich hörte ihn hektisch mit Töpfen und Tellern klappern, es wehte bereits ein verlockender Geruch nach orientalischen Gewürzen zu mir herüber. Um die Wartezeit zu überbrücken und meine Neugier zu befriedigen, schritt ich, auf die Details achtend, durch Tims Wohnzimmer. Ich nahm hier und da ein Buch in die Hand und strich mit der Handfläche über das eine oder andere Möbelstück. In einer Ecke des Raums stand, an der lindgrün gestrichenen Wand, ein CD-Regal neben einer kleinen Kompaktanlage. Kaum etwas sagt so viel über einen Menschen aus wie seine Musiksammlung. Diese Möglichkeit der Erstkontrolle ist heute dank Streaming und MP3 leider meist passé. Wer checkt schon heimlich den Computer oder das Smartphone einer neuen Bekanntschaft, um herauszufinden, was diese Person zuletzt gehört hat? Das ginge wohl auch ein bisschen zu weit. Tim aber besaß noch rund vierzig bis fünfzig CDs. Das waren für mein Dafürhalten nicht besonders viele, aber für eine erste Einschätzung gerade genug. Entweder war er bereits im digitalen Zeitalter angekommen oder Musik spielte in seinem Leben eine eher untergeordnete Rolle. Das wäre nicht gerade die ideale Voraussetzung für eine gemeinsame Zeit, aber wenn alles andere stimmt, kann ich darüber hinwegsehen. Zu diesem Zeitpunkt war ich also noch recht optimistisch gestimmt, doch sollte sich das bald ändern. Für meinen Empfang hatte Tim klassische Musik ausgewählt, damit kann man zu Beginn einer romantischen Beziehung nicht allzu viel falsch machen. Was ich dann aber in seinem CD-Regal entdeckte, ließ mir das Blut in den Adern gefrieren: Helene Fischer, Andrea Berg und Claudia Jung, dazu noch einige Sampler ähnlicher musikalischer Natur. Tim hatte unübersehbar eine Vorliebe für deutsche Schlager. Während er zur selben Zeit ein Essen zauberte, mit dem er mich beeindrucken wollte, zerschoss ihm sechs Meter weiter sein fragwürdiger Musikgeschmack sämtliche Chancen bei mir. Am liebsten hätte ich das noch volle Glas Rotwein auf dem minimalistischen Esstisch aus Eiche abgestellt und mich lautlos verdrückt. Stattdessen stürzte ich den

Wein die Kehle hinunter und entschied, mich mit mehr Style aus dieser Situation zu verabschieden, und zwar mit Ehrlichkeit. Es mag widersprüchlich klingen, wenn ich eben noch von Offenheit und Toleranz sprach, nun aber zugebe, dass selbst ich hier meine Grenzen überschritten sah. Mein Blick auf Tim hatte sich verändert. Als wir wenige Minuten später gemeinsam am Eichentisch saßen, fand ich ihn plötzlich nicht mehr so attraktiv. Was war das nur für ein seltsames Grübchen an seinem Kinn? Warum trug er ein T-Shirt, das viel zu eng an seinem Oberkörper anlag? Und hatte er da nicht einen kleinen Bauchansatz? Kochen konnte er, das Curry war fantastisch, nur mit dem Chili hatte er es ein bisschen zu gut gemeint. Schon nach den ersten zwei Löffeln kam ich mächtig ins Schwitzen, teils wegen der Schärfe, teils weil ich wusste, dass ich meine Entdeckung nicht länger für mich behalten konnte. Ich muss Tim zugutehalten, dass er keinen Hehl aus seiner Vorliebe für Helene machte. Er spielte sein Faible nicht herunter, um mir zu gefallen. Allerdings änderte sein gesundes Selbstbewusstsein nichts an dem Umstand, dass meine aufkeimenden Gefühle für ihn sofort erloschen waren. In Rekordzeit leerten wir die bereits geöffnete Flasche Rotwein, dann verließ ich seine Wohnung und meldete mich nie wieder bei ihm. Für mich war das die einzig logische Konsequenz, denn Tims Liebe zum Schlager hätte sich mit meinem Lebensstil nicht vereinbaren lassen. Ich bemühe mich immer, in jedem Menschen ein gewisses Maß an Style zu entdecken. Viele haben eine gute Basis, und man darf die Sache auch nicht zu verbissen sehen. Bei Schlager ist meine Schmerzgrenze jedoch erreicht, egal, wie toll der Sex mit einem Mann ist, wie gut wir uns verstehen oder wie super er kocht. Der Musikgeschmack ist Teil des persönlichen Stils und sagt viel über uns aus. Geschmack entsteht schließlich nicht rein zufällig, sondern unterliegt verschiedenen sozialen Komponenten. Er ist ein Produkt des Kulturkreises, in dem wir aufwachsen, geprägt von den Eltern und von den Gleichaltrigen um uns herum. Er ist ein wichtiger Faktor der Selbstwahrnehmung und dient als Mittel zur Konstruktion der eigenen Identität. Auch die strikte Ablehnung eines Genres ist Teil davon.

Im besten Fall nehmen uns die Eltern früh die Angst vor allem Unbekannten, damit wir der Welt offen gegenübertreten können. In unseren ersten Jahren geben sie uns ihre Werte und Interessen und damit die Richtung für unsere Entwicklung vor. Mit steigendem Alter aber ändern sich die Bezugspersonen. Was die Erwachsenen mögen, wird für den Nachwuchs uninteressant. Es kommen Einflüsse von außen hinzu, weil aktuelle Trends und Jugendkulturen an Bedeutung gewinnen. Als pubertierender Teenager neigen wir noch dazu, die üblichen Charthits zu mögen und die entsprechenden Bands zu verehren, doch das lässt nach. Unser Musikgeschmack verengt sich. In meiner Jugend faszinierten mich die vielen neuen Genres wie New Wave, New Romantic, Preppy Popper – alles floss ineinander, die Grenzen verschwammen. Selbst die Grenzen der Geschlechter. Es gab plötzlich Männer, die sich schminkten, Frauen, die sich androgyn kleideten. Für mich, der ich zu dieser Zeit zwar schon wusste, dass ich schwul bin, aber voller Unsicherheiten steckte, war die Auflösung der Geschlechtergrenzen faszinierend. Diesbezüglich als enorm innovativ empfand ich Madonna, die deshalb bis heute einen besonderen Platz in meinem Herzen hat. Ich kann jeder Phase meines Lebens mindestens einen ihrer Songs zuordnen, wenn ich auch mit ihren letzten Veröffentlichungen nicht mehr allzu viel anfangen kann. Zu Beginn der Achtziger stieß ich durch einen Artikel auf Madonna Louise Ciccone. Darin kündigte die damals 25-Jährige selbstbewusst an, sie werde einmal die bekannteste Frau der Welt sein, berühmter noch als die Ikone Micky Maus. Und genau das geschah. Madonna spürte immer vor allen anderen, was den Menschen in naher Zukunft gefallen wird, dann kommerzialisierte sie es. So funktionieren Trends. Menschen wie Madonna sind wichtig, um das Stilbewusstsein innerhalb der Gesellschaft zu schärfen.

Pokerface mit Style

Etwa 30 Jahre später brachte erneut ein Zeitschriftenartikel die Sache mit Lady Gaga ins Rollen. Viel gab es über Stefanie Germanotta aus New York City 2008 noch nicht zu berichten, das Londoner Magazin *Word of Mouth* schrieb nur ein paar Zeilen. Außerhalb der USA hatte bis zu diesem Zeitpunkt kaum jemand Notiz von dem grellen Popsternchen genommen. Ich wollte unbedingt wissen, wer diese außergewöhnliche Frau ist und wie ihre Musik klingt. Fragen wie diese lassen sich dank der fortschreitenden Digitalisierung heute recht schnell beantworten, und so fand ich bei YouTube einige Videos von ihr. Vom ersten Moment an war ich wie elektrisiert. Lady Gaga hatte schon mit zweiundzwanzig Jahren einen eigenen Style, bei dem sie nichts dem Zufall überließ. Musik, Bühnenoutfit, Habitus – alles passte zusammen und wartete nur darauf, von der Welt entdeckt zu werden. Sie hatte das Zeug dazu, Madonna als Stilikone abzulösen oder zumindest mit ihr gleichzuziehen. Ich begann sofort, mich umzuhören, telefonierte sämtliche Menschen aus dem Musikbusiness ab, die mir in den Sinn kamen. Mein Interesse an ihr landete schließlich in der Chefetage von Universal. Dort hatte man Lady Gaga kurz zuvor unter Vertrag genommen.

Wenig später fand ich mich im Büro des damaligen Universal-Chefs Thorsten König wieder. Stolz erzählte er mir von seinem neuen Signing. »Sie spielt schon seit ihrer Kindheit Klavier und schreibt fast genauso lang alle ihre Songs selbst.« In der New Yorker Schwulen- und Lesbenszene kannte man Lady Gaga seiner Aussage nach bereits eine Weile. Einige Zeit zuvor hatte sie sogar schon einen Plattenvertrag beim Kultlabel Def Jam Recordings unterschrieben, aus irgendeinem Grund war daraus dann aber doch nichts geworden. »Und jetzt haben wir sie halt,« sagte König hocherfreut. Dann schob er mir verschwörerisch Lady Gagas erstes, noch unveröffentlichtes Album über den Tisch zu. Eine unansehnliche Promo-CD, mehr gab es noch nicht. Kein Cover, kein Booklet, nichts. Gemeinsam saßen König und ich die kommende Stunde schweigend in seinem Büro und hörten uns einmal komplett durch die Songs auf *The Fame*. Jetzt war ich erst recht Feuer und Flamme. König sagte, Universal werde das Album in Kürze in Deutschland veröffentlichen. Ich ahnte, dass das ein fettes Ding werden würde. Es könnte die Chance sein, meinen Gästen bei der *StyleNite* als erster in Deutschland einen zukünftigen Weltstar zu präsentieren. Ich bekam eine Kopie des Albums mit auf den Weg und hörte es im Auto gleich noch einmal. Lady Gaga musste bei mir auftreten, das stand für mich fest. Als ich diese Idee beim Label platzierte, stieß ich damit auf viel Gegenliebe. Wahrscheinlich sah man in diesem Auftritt die perfekte Gelegenheit, eine bis zu dem Zeitpunkt nahezu unbekannte Musikerin in der europäischen Fashion-Szene zu etablieren.

Am 18. Juli 2008 ließen wir Lady Gaga also einfliegen. Meine damalige Mitarbeiterin aus der PR-Abteilung zeigte sich von der Idee wenig begeistert. Sie machte keinen Hehl daraus, was sie von unserem Stargast hielt. »Wie die aussieht. Was trägt die denn für schreckliche Klamotten? Und was ist das überhaupt für ein Name? Wie spricht man die denn an? Hallo Lady? Guten Tag, Frau Gaga? Das ist doch albern«, wetterte sie auf dem Weg zum Veranstaltungsort. Ich lächelte in mich hinein und sagte besser nichts. Sie hätte es sowieso nicht verstanden, denn sie konnte nicht sehen, was ich sah. Als wir an den Uferhallen in Berlin-Wedding ankamen, war Lady Gaga schon dort. Verloren stand sie in dem Raum herum, in dem am Abend die Aftershow-Party und ihr Gig stattfinden sollten – flankiert von zwei Damen, die sich als ihre Tänzerinnen herausstellten. »Hello, Lady! Hello, Miss Gaga! We are here«, wild fuchtelnd lenkte meine PR-Frau Stefanies Aufmerksamkeit auf uns. Zum ersten Mal standen wir uns gegenüber: der 1,90 Meter große Modedesigner und die 1,55 Meter kleine Musikerin. Sie bedankte sich höflich für die Chance eines ersten Auftritts außerhalb der USA und lächelte schüchtern. Lady Gagas Look an diesem Tag kann man ohne Skrupel als eigen bezeichnen. Zur platinblonden Langhaarperücke trug sie einen roten Kapuzenblazer mit enorm ausgestellten Schultern und ein Stretchminikleid, das aufgrund seines Kanarienvogelgelbs zumindest für mich eine Zumutung war. Ihre Plateau-Riemchensandalen aus Lackleder machten keinen besonders hochwertigen Eindruck. Schwarze Handschuhe, dunkle Sonnenbrille. Doch das Gesamtpaket stimmte.

Zur Modenschau hatten wir für sie einen Platz in der ersten Reihe reserviert. Wer dort sitzt, steht im Fokus der geladenen Fotografen und muss sich nur noch von seiner besten Seite zeigen, um am nächsten Tag von den Magazinen und Tageszeitungen abgedruckt zu werden. Eigentlich. Nur mit der Gaga konnten die Damen und Herren von der Presse nichts anfangen. Schon am roten Teppich interessierte sich niemand für sie. Ich machte mir Sorgen, dass ihre gute Laune kippen könnte. Da reiste sie extra nach Deutschland und die hiesige Journaille ignorierte sie? Unmöglich, dachte ich und gab das an meine PR-Frau weiter. »Die Fotografen sollen Fotos von der Gaga schießen. Geh bitte hin und sag ihnen das. Es ist mir egal, ob sie die verwenden. Sie sollen nur welche machen.« Manch einer von denen ist heute sicher glücklich darüber, ein erstes Bild von Lady Gaga auf deutschem Boden in seinem Portfolio zu haben. Ähnlich empfinden es jedenfalls die Gäste der Aftershow-Party, die sich nicht an die Bar verdrückten, als ich Gagas Auftritt ansagte. Denn genau das geschah: Die eine Hälfte der Anwesenden verließ den Saal, die andere war interessiert genug, sich die Show anzusehen. Und sie wurden belohnt. Noch heute, so viele Jahre später, werde ich immer mal wieder von Leuten auf diesen Abend angesprochen. Lady Gagas bizarre Performance – jetzt in einem anderen selbstkreierten Outfit – irritierte durch ausladende Gesten, die sie mit einem Leuchtstab unterstrich. Trotzdem – oder gerade deswegen – zog sie die Gäste in ihren Bann. Auch die Background-Tänzerinnen, die so professionell wirkten, als hätten wir sie erst kurz vor der Show aus einer Dorfdiskothek entführt, konnten Gagas Präsenz nichts anhaben. Einen Monat später erschien das Album und setzte sich nicht nur bei uns, sondern auch in Großbritannien, der Schweiz, Österreich und vielen weiteren Ländern an die Spitze der Charts. Es markierte Lady Gagas internationalen Durchbruch. Sie wurde der Weltstar, den ich sofort in ihr gesehen hatte.

Genauso funktioniert es auch in der Mode. Ein Gespür für Trends ist unabdingbar. Hat man keine Ahnung von Musik, hat man meiner Meinung nach auch keine Ahnung von Mode. Zumindest, wenn man sich als Designer versteht. Alle hippen Modemacher haben eine enge Verbindung zur Musik, dabei spielt das Genre erst mal keine Rolle. Die erfolgreichsten Designer sind jene, die sich in ihren Kollektionen auf Jugendkulturen oder Subkulturen beziehen und Tabus brechen. Zum Beispiel Jean Paul Gaultier, der immer wieder Elemente aus dem Sadomaso-Bereich mit einfließen lässt. Wie Frankie Goes To Hollywood. Die haben sich mit »Relax« auf die schwule Sadomaso-Subkultur bezogen, obwohl die meisten Bandmitglieder selbst heterosexuell waren. In Großbritannien landete der Song 1984 auf dem Index und wurde trotzdem ein Nummer-Eins-Hit. 1990 designte Gaultier die Kostüme zu Madonnas *Blond Ambition Tour*, darunter auch den *Cone Bra*, der bis heute als eines der berühmtesten Kleidungsstücke der Popkultur gilt, und zur damaligen Zeit viele Menschen aufgrund der schonungslosen Offenheit schockierte. Die große Vivienne Westwood orientierte sich für ihre Designs vor allem an der Londoner Punkszene. Und in der 1993 erschienenen *Perry-Ellis*-Kollektion bezog sich Marc Jacobs auf Elemente des von Bands wie Nirvana geprägten Grunge-Looks, darunter das karierte Flanellhemd. Jacobs erzählte mal in einem Interview, dass er zwei Jahre zuvor in Berlin gewesen sei und in einer Bar »Smells Like Teen Spirit« gehört habe. Das sei die Initialzündung zu dieser Kollektion gewesen. Musik greift eine aktuelle Entwicklung innerhalb der Gesellschaft oder einer Subkultur immer zuerst auf. Der Modemacher lässt sich davon inspirieren und interpretiert das Thema in seiner nächsten Kollektion neu.

Stabilität durch Stil

Wir leben in einer sich permanent verändernden Gesellschaft. Für mein Empfinden ist die Welt oberflächlicher geworden, der letzte Fixpunkt in ihr ist der permanente Wandel. Wir können uns darauf verlassen, dass nichts bleibt, wie es ist. Das birgt unzählige Chancen, aber auch viele Gefahren. Auf der einen Seite hat die Digitalisierung unseren Alltag erleichtert. Sie ermöglicht uns allen den Zugang zu wichtigen Informationen und hält uns über Ereignisse auf der ganzen Welt auf dem Laufenden. Wie wir uns in dieser schnelllebigen Zeit fühlen und uns in der Gesellschaft verhalten, bestimmt unseren Lebensstil. Lassen wir uns verunsichern oder nutzen wir die neuen Möglichkeiten auf positive Art und Weise? Menschen mit Stil wählen die zweite Variante, denn sie sind durch Einflüsse von außen nicht so leicht aus der Ruhe zu bringen. Ihr Stil gibt ihnen Halt und erleichtert ihnen den Umgang mit dem Wandel, den sie nur im Rahmen ihrer selbst gewählten Grenzen mitmachen. Sie können sich leichter abgrenzen als andere. Zugehörigkeit und Abgrenzung. Das hat sich bis heute nicht geändert. Während wir auf der einen Seite nach Individualität streben, sehnen wir uns auf der anderen danach, Teil von etwas Größerem zu sein. Wir umgeben uns gern mit Menschen, die ähnliche Ansichten wie wir selbst vertreten. Bei allen Strömungen, Kulturen und Subkulturen spielt Identifikation eine Rolle, sowohl bezogen auf die innere Einstellung als auch auf Äußerlichkeiten. Style ist also keine reine Geschmackssache oder nur Ausdruck individueller Präferenzen, sondern immer auch das Ergebnis gesellschaftlicher Entwicklungen. Möchte man seinen eigenen Stil festigen, ist es unumgänglich, sich von Konformität loszusagen. Stil bedeutet die ausgewogene Mischung von Individualität, Unabhängigkeit, Abgrenzung und Authentizität.

Die Globalisierung öffnet der Entwicklung von Style viele Türen. Unsere angeborene Neugier ist leicht zu befriedigen. Jede Information ist nur wenige Klicks entfernt. Medien prägen unser Bild der Realität, beeinflussen politische Debatten und gesellschaftliche Trends. Ohne sie wären wir völlig uninformiert, denn im besten Fall berichten sie unabhängig und ausgewogen. Sie erklären uns komplexe Vorgänge und decken Missstände auf. Doch schüren die Medien heute auch eine Menge Misstrauen, denn die Überprüfung der Fakten ist nicht immer einfach. Ihr Wahrheitsgehalt ist schon für Medienprofis kaum zu erkennen, wie also sollen wir Laien das leisten? Es lässt sich zumindest nicht vermeiden, dass Medien selektiv vorgehen. Sie wägen ab, was für ihre Zielgruppe wichtig ist, worüber es sich zu berichten lohnt. Wie uns Fakten zugetragen werden, ist ein Ergebnis ihrer Selektion. Die folgt nicht selten dem Anspruch, populäre Themen anzugehen, also die Dinge, die für möglichst viele Menschen interessant sind. Das verleiht diesen Themen nicht gleich echte Relevanz. Ein bisschen Schuld tragen also auch wir Rezipienten. Wir müssen genau hinsehen, wenn wir in der Lage sein wollen, politisch, gesellschaftlich und kulturell Stellung zu beziehen. Eine eigene Meinung zu den Themen zu haben und diese auch zu vertreten, ist ein wichtiger Aspekt für die Entwicklung von Stil. Wir müssen uns nach der Schule oder dem Studium eigenverantwortlich neues Wissen aneignen. Es dient uns als Basis für unseren Style.

Pop, Pop, Popkultur

Kunst und Kultur setzen sich kreativ mit den Fragen auseinander, die Politik und Gesellschaft aufwerfen. Ohne das zu wissen, ist es schwer, Kunst und Kultur zu verstehen. Und ohne ein Gefühl für Kunst und Kultur ist es wiederum unmöglich, Stil zu entwickeln. Für welche Kunst man sich begeistert, ist dabei egal. Der eine mag Streetart, ein anderer Jeff Koons und Damien Hirst, für den Nächsten fängt Kunst erst bei der *Mona Lisa* an. Es gibt sie also in allen Farben und Formen, minimalistisch wie detailreich, modern wie klassisch – abhängig ist ihre Wirkung immer vom Rezipienten. Eine Malerei oder ein Objekt muss in uns etwas auslösen, damit wir es als Kunst wahrnehmen. Der Aktionskünstler Joseph Beuys erreichte das schon mit Butter, die er an unterschiedlichen Orten, vornehmlich in Raumecken, platzierte. Viele selbst ernannte und studierte Kunstkenner feierten ihn dafür. Der Hausmeister der Düsseldorfer Kunstakademie fand offenbar keinen Zugang dazu. Er entfernte 1986 eines der Kunstwerke, für das Beuys zwei Meter unterhalb der Raumdecke fünf Kilogramm des Streichfetts angebracht hatte. Es mag viele Menschen wie diesen Hausmeister geben. Ihnen fehlt ein Grundverständnis für Kunst, und dennoch vermissen sie nichts. Es sind Menschen, die nicht über Dinge wie Style nachdenken, Kunst in jeglicher Form überhaupt nicht bewusst wahrnehmen – und auch so zufrieden sind. Für mich klingt ein solches Leben nicht erstrebenswert. Denn das Interesse an Kunst, Kultur und den »schönen« Dingen erweitert unseren Horizont und befriedigt unsere Neugier.

Dank des World Wide Web ist es so einfach wie nie, sich kulturell auf dem Laufenden zu halten. Kultur und besonders Musik sind zur Massenware geworden. Es ist toll, sämtliche Musik ständig und überall per Streaming abrufen zu können. Zusätzliche Funktionen wie per Algorithmus zusammengestellte Radio-Streams und Vorschläge ähnlicher Künstler lassen uns immer wieder auf Neues stoßen. Allerdings hat unsere Aufmerksamkeitsspanne dadurch stark nachgelassen. Das Album hat als Format an Bedeutung verloren. Wir picken uns die Songs heraus, die uns gefallen, und lassen den Rest links liegen. Dass der Künstler mit seinem Werk, der Anordnung der einzelnen Stücke eine Geschichte erzählen möchte, spielt – zumindest für den Hörer – keine Rolle mehr. Als wir für neue Musik noch einen Plattenladen aufsuchen mussten, haben wir sie anders konsumiert. Platte kaufen, ab nach Hause, Platte auflegen und konzentriert zuhören – immer und immer wieder. Dabei haben wir das Cover und das Booklet studiert, die Texte auswendig gelernt. Davon sind wir heute Lichtjahre entfernt. Dass das Bedürfnis nach Entschleunigung wächst, zeigt sich an den in den letzten Jahren wieder steigenden Verkaufszahlen von Vinyl. Aktuell sind sie so hoch wie zuletzt in den Achtzigern. Und nicht nur alte Nostalgiker kaufen Vinyl, auch junge Leute entwickeln wieder ein Interesse daran. Der Klang von Vinyl ist wärmer, und die teils aufwendig gestalteten Cover haben schon so mancher Platte zu Kultstatus verholfen. Sich auf diese Weise mit einem Kulturgut wie der Musik, also der leidenschaftlichen Arbeit eines Künstlers, auseinanderzusetzen, hat viel mehr Style, als im Hintergrund irgendwelche Songs abspielen zu lassen, ohne richtig hinzuhören.

Ebenso hat sich im Film- und Fernsehgeschäft vieles verändert. Heute gibt es keinen Sendeschluss mehr, das Testbild, das ich noch aus meiner Kindheit kenne, ist schon lange Geschichte. Mediatheken bieten Unterhaltung und Information rund um die Uhr, von Spielfilmen und Serien über Dokumentationen bis hin zu Nachrichten. Dieses Angebot dürfen wir nicht ungenutzt lassen, es ist das größte Geschenk des digitalen Zeitalters. Sogar das Lesen wird uns heute abgenommen, der Markt an Hörbüchern wächst stetig. Dadurch finden auch Menschen Zugang zur Literatur, die sich vorher aus unterschiedlichsten Gründen gescheut haben, ein Buch in die Hand zu nehmen. Es wird uns in so vielen

Punkten leicht gemacht. Für Konzerte, Theateraufführen und Ausstellungen ist allerdings ein bisschen mehr Anstrengung nötig. Wir müssen uns rechtzeitig informieren, Tickets organisieren, den Allerwertesten vom Sofa hochbekommen und uns an den Ort des Geschehens begeben. Das sollte uns nie zu aufwendig sein. Es gibt im Theater- und Kulturbetrieb so vieles zu entdecken. Nicht jeder Künstler oder jedes Werk trifft unseren Geschmack, doch Experimente lohnen sich. Ein Freund von mir versucht zum Beispiel immer wieder, mich an die Oper heranzuführen, manches Mal mit Erfolg. Die Wagner-Festspiele in Bayreuth möchte ich trotzdem nicht besuchen. Mir drei Stunden lang den Hintern platt zu sitzen, um mir *Die Walküre, Die Meistersinger von Nürnberg* oder *Tristan und Isolde* anzuhören, ist für mich wenig verlockend.

Durch die digitale Revolution ist aus Teilen der klassischen Hochkultur eine Art neue Unterhaltungskultur geworden. Früher waren bildende Kunst, Literatur und Theater einer höhergestellten Bildungsschicht vorbehalten und länderspezifisch durch unterschiedliche Traditionen und Sprachen getrennt. Heute geht es bei Kunst und Kultur vor allem darum, Abwechslung zu bieten und grenzübergreifend so viele Menschen wie möglich zu erreichen. Hochkultur steht in weiten Teilen jedem von uns zur Verfügung, zumindest theoretisch. Wir können Theateraufführungen und Kunstausstellungen besuchen sowie Bücher von großen Lyrikern und Philosophen lesen. Ob wir einen intellektuellen Zugang dazu finden, ist von unserem Wissensstand und einem grundsätzlichen Interesse dafür abhängig. Seit 2016 zählt übrigens auch der Berliner Technotempel Berghain offiziell zur Hochkultur. So bestimmte es das Finanzgericht Berlin-Brandenburg. Die tagelangen Partys gelten als kulturelle Events und dürfen – wie Theater, Museen und Konzerte – sieben statt neunzehn

Prozent Umsatzsteuer abrechnen. Das zeigt, dass die Grenzen immer mehr verwischen. Ich finde diese Unterscheidung zwischen Hochkultur und Popkultur inzwischen obsolet. Lassen wir doch die Kunst Kunst und die Kultur Kultur sein. Ob uns etwas gefällt, entscheiden wir subjektiv und emotional. Jeder von uns hat einen einzigartigen Blick auf die Welt und die Dinge in ihr, der sich immer mal wieder verschieben kann. Durch einen Wandel in uns selbst oder auch durch äußere Einflüsse. Die Filmindustrie in Hollywood zum Beispiel transportiert ihre Produkte heute in die ganze Welt und in alle gesellschaftlichen Schichten. Das ist erfreulich, hat aber auch zur Folge, dass wir nur selten frei entscheiden, was wir mögen und was uns abstößt. Wenn die Blockbuster-Marketingmaschine läuft, können wir uns ihr nur schwer entziehen, sofern wir ohne Stil durchs Leben gehen. Eine eigene, reflektierte Sicht auf die Dinge ist für die Stilentwicklung dringend nötig. Wir sollten aus der uns gebotenen Vielfalt das für uns Passende heraussuchen und uns damit beschäftigen. Es bringt nichts, Ausstellungen in der Alten Nationalgalerie oder dem Louvre zu besuchen, nur weil es dem Reiseführer zufolge dazugehört, wenn man einen Städtetrip nach Berlin oder Paris unternimmt. Wenn wir kein echtes Interesse an den dort ausgestellten Werken haben, bringt uns der Besuch nichts, wir verschwenden mit ihm nur unsere Zeit. Sind wir aber Unbekanntem gegenüber aufgeschlossen und neugierig genug, um mehr über Monet, Renoir und Leonardo da Vinci zu erfahren, dann hat das eine Menge Stil. Je mehr wir wissen – über Vergangenes und über die Gegenwart–, umso besser gelingt es uns, diesen Stil zu festigen.

Bleiben wir aber bei der gängigen Unterscheidung zwischen Hochkultur und Populärer Kultur, interessiere ich mich schon immer mehr für Zweitere. Sie macht quasi das, was ich als

Modedesigner ebenfalls tue: Sie beschäftigt sich mit den Themen der Gegenwart und interpretiert sie auf unterschiedlichste Arten neu. Ihre Interpretationen werden über Internet, Magazine, Fernsehen und Radio verbreitet und vor allem von jungen Konsumenten konsumiert. Durch das Internet wird Kunst unkontrollierbar verwertet und kann in alle Teile der Welt verbreitet werden. Das macht unser Zeitalter so besonders. Die Einflüsse der Popkultur sind in beinahe jedem Musikgenre zu finden. Aber auch abseits davon drückt sie sich auf vielfache Weise aus, zum Beispiel in Poetry Slams oder modernen Kunstperformances, Graphic Novels und selbst in Computerspielen. Populäre Kultur, und mit ihr die Popkultur, entwickelt sich aus der Gesellschaft heraus, oft ohne Subventionen, wie sie in der etablierten Kultur üblich sind. Und genau das macht sie in meinen Augen so spannend. Wir als Publikum entscheiden, ob ein Werk den Zeitgeist trifft und relevant ist. Die immerwährende Debatte, die zur Bedeutung der Popkultur geführt wird, geht mir auf den Geist. Es geht doch nicht nur darum, Opern oder Theatern Mittel zu streichen, um Popkultur zu fördern. Pop sollte meiner Meinung nach vor allem erst mal als gesellschaftspolitisch und damit kulturell bedeutend anerkannt werden. Stattdessen schreiben viele Entscheider sie als rein kommerzielles Produkt ab. Seien wir doch mal ehrlich: Es sind Popstars und nicht Politiker, die zur jungen Generation durchdringen und ihr näherbringen, sich mit gesellschaftlichen Themen auseinanderzusetzen. Aus diesem Grund wäre es auch sinnvoll, im Musikunterricht in der Schule ein seit Jahrzehnten einflussreiches und die Kids bewegendes Genre wie Hip-Hop zu unterrichten, mit seinen Anfängen und allen Abzweigungen. Stattdessen stehen oft noch immer schwerpunktmäßig Bach, Brahms und Strawinsky auf dem Lehrplan. Die Jungs sind sicher wichtig für eine solide musikalische Grundausbildung, nur sollte man thematisch heute weit darüber hinausgehen und die Gegenwart mehr mit einbeziehen. In Berlin hat man die Bedeutung von Popkultur inzwischen erkannt und unterstützt sie auf vielfältige Weise. In anderen Städten oder vor allem auf dem Land kann davon keine Rede sein. Dabei würden womöglich weniger junge Leute ihre Heimat verlassen und in die Metropolen ziehen, wenn es auch dort popkulturelle Ansätze gäbe, die das Freizeitangebot spannender gestalten.

Architektur und Design sind zwei weitere Bereiche, die einen nennenswerten Einfluss auf meinen Lebensstil haben. Ich war einmal kurz davor, Architektur zu studieren. Einen Studienplatz in Coburg hatte ich bereits in der Tasche. Am Ende habe ich mich dann aber doch für die Mode und das Studium am London College of Fashion entschieden. Meine Liebe zu Architektur, Design und Interieur ist allerdings bis heute geblieben. Mein ästhetisches Empfinden beeinflusst die Art und Weise, wie ich die Umwelt wahrnehme. Gehe ich durch die Straßen und sehe jemanden, den ich besonders stylish finde, freut mich das. Ein solcher Moment inspiriert mich. Ähnlich ergeht es mir mit Architektur. Eine schöne Fassade, ein außergewöhnlich gestaltetes Haus – das löst in mir etwas aus. Ein Hochgefühl, von dem ich nachhaltig zehre und das sich unbewusst und langfristig auf meine Arbeit, meine Kreativität auswirkt. Auf der anderen Seite macht mich der genaue Blick auf meine Umwelt empfänglicher für die Hässlichkeit des Alltags. Gerade die moderne Architektur hat optisch oft wenig Schönes zu bieten. Sie setzt auf Zweckmäßigkeit und vernachlässigt in vielen Fällen dem Pragmatismus zuliebe die Optik. Sehen kann man das in Berlin zum Beispiel am Leipziger Platz. Dort stehen – angeordnet in einem Achteck um den Platz herum – achtgeschossige Häuser, jedes von einem anderen Architekten entworfen. Es wird krampfhaftversucht, anders zu sein, und kein einziges der Häuser davon hat eine schöne Fassade. Das muss man auch erst mal hinkriegen. Doch es braucht das Hässliche, um das Schöne sichtbar zu machen. Brüche sind notwendig, damit das Stylishe eine Plattform erhält. Gäbe es um uns herum nur schöne Dinge, könnte uns bald nichts mehr überraschen und verführen. Die Impulse blieben aus, die Schönheit würde uns langweilen.

Live is life

Architektur, Design, Musik, Film, Kunst und Kultur hautnah zu erleben, regt unsere Fantasie an. Ein Live-Erlebnis ruft Emotionen und Eindrücke hervor, die ein Fernsehbericht, ein Zeitungsartikel und Fotos im Internet nur rudimentär vermitteln. Sie können uns auf ein Event aufmerksam machen, das Erleben ersetzen sie aber nicht. Das gilt ebenso für Empfehlungen von Freunden, deren Interessen sich mit unseren eigenen manches Mal, aber eben nicht immer decken mögen. Oft ist es besser, sich selbst ein Bild zu machen. Womöglich inspiriert mich etwas, das andere als langweilig oder ausdruckslos empfinden. Echte Erfahrungen machen uns zufriedener, denn sie bereichern unser Leben mehr als materielle Dinge. An Konsum gewöhnt man sich rasch, von emotionalen Erlebnissen kann man dagegen nie genug bekommen. Sie helfen uns bei der Identitätsbildung, denn sie sind ein direkter Teil von uns, während sich Gegenstände immer außerhalb befinden und austauschbar sind. Zudem entsteht durch den Besuch von Veranstaltungen und Ausstellungen der Kontakt zu Gleichgesinnten, der uns wieder neue Impulse gibt. Das schafft soziale Nähe. Wir fühlen uns eher jemanden verbunden, mit dem wir ein Interesse teilen, als mit jemandem, der das gleiche Smartphone besitzt oder ein ähnliches Auto fährt. Grundsätzlich sind kulturelle Erlebnisse natürlich leichter zu generieren, wenn wir uns für ein Leben in einer Metropole entschieden haben. Eine Stadt wie Berlin bietet auf kultureller und gesellschaftlicher Ebene mehr Inspirationsquellen als ein Ort wie Bad Oldesloe. Natürlich können jetzt nicht alle Menschen in die nächste Großstadt ziehen, doch ein Interesse an einem breiteren Spektrum an Medien in Verbindung mit regelmäßigen Reisen kann einen eventuellen Mangel an Impulsen im Alltag ausgleichen.

Wie schon erwähnt ist es leicht, massig Informationen online abzurufen. Es gibt keine Ausreden, nicht mitzubekommen, was an anderen Orten der Welt passiert. Aufgeschlossen und interessiert zu sein hilft uns, geistig mobil zu bleiben, und ist – neben der physischen Mobilität durch Reisen und Wohnortwechsel – für die Stilentwicklung notwendig. Möchte ich wissen, was zurzeit in Sachen Urban Streetwear in Tokio angesagt ist, finde ich unter Garantie mindestens einen Blog zu dem Thema im Internet. Dafür muss ich mich nicht extra in den Flieger setzen und um den Globus jetten. Die Fülle an Informationen erschwert allerdings die Fokussierung auf das Wesentliche. Sämtliche Mode- und Lifestyle-Magazine haben einen Onlineauftritt und Social-Media-Kanäle, über die im Stundentakt Trends und Must-haves veröffentlicht werden. Darüber hinaus gibt es beinahe täglich neue Blogs, die sich mit Themen wie Musik, Fashion und Lifestyle beschäftigen. Nur wenigen Bloggern gelingt es, dauerhaft genug Qualität abzuliefern, um die Leser an sich zu binden. Doch haben sie es einmal geschafft, ist ihr Einfluss immens. Dazu gesellen sich unzählige Influencer, die ihre Message von Style und Fashion über Plattformen wie Instagram und Pinterest verbreiten und Hunderttausende oder Millionen Follower haben. Sie alle sind Meister der digitalen Selbstinszenierung. Wichtig für die Entstehung von Trends sind sie allerdings nicht. Sie tragen Dinge, die der Markt bereits hergibt, entwickeln dabei aber kaum neue Ideen. Die niederländische Trendforscherin Lidewij Edelkoort liegt absolut richtig, wenn sie sagt: »Wir alle dachten am Anfang, Social Media bringt mehr Vielfalt, aber im Grunde bringt es eher Gleichförmigkeit.« Trends entstehen auf der Straße, nicht auf dem Smartphone. Sich auf einem eigenen Blog oder Plattformen wie Instagram zu präsentieren, ist jedoch Voraussetzung für die Teilnahme am sozialen Online-Leben. Für die Selektion der Inhalte, die für unser eigenes Leben eine Rolle spielen, ist ein eigener Stil hilfreich. Er lenkt unsere Aufmerksamkeit zurück auf unsere eigene Identität.

Kill your idols

Wir sollten aufgeklärt genug sein, selbst zu entscheiden, ob die Inhalte eines Influencers für uns Relevanz besitzen. Wir sollten einen durch Werbegelder geförderten Post erkennen können. Es wäre naiv zu glauben, dass sich die Blogger und Instagrammer die teuren Klamotten und Accessoires, die sie vorführen, selbst gekauft hätten. Denn bei solch einem Post wird nichts dem Zufall überlassen. Dass für ein einziges gepostetes Foto oft stundenlang posiert und dekoriert wurde, gerät meist in Vergessenheit oder ist vielen Betrachtern womöglich gar nicht erst bewusst. Wie viel Arbeit dahintersteckt, wird meistens unterschätzt. Der Blick Außenstehender auf die bildende Kunst ist ähnlich. Manche sehen sich Werke aus der abstrakten Malerei oder Minimal Art an und und denken, sie selbst hätten genau das auch und sogar besser hinbekommen. Ein arroganter Irrglaube. Es reicht nicht, etwas rein technisch umsetzen zu können. Vor allem in der Kunst ist die Idee hinter einem Objekt oder einer Malerei das Entscheidende. Die Dinge, die von außen betrachtet besonders leicht aussehen, sind es oft nicht.

Ein anderes gutes Beispiel dafür ist das Kardashian-Phänomen. Ich bin kein Fan des Clans, empfinde aber Respekt für das, was diese Familie tut. Es scheint viele Menschen auf irgendeine Weise zu berühren. Kim Kardashian ist wahnsinnig gut darin, sich selbst zu vermarkten. Hätte irgendjemand vor zwanzig Jahren das Leben dieser Familie als Drehbuch bei einer Filmproduktion eingereicht, die Produzenten hätten es sicher wegen mangelndem Realismus abgelehnt. Das ist die hohe Kunst des Entertainments und irrsinnig aufwendig. Stil wird uns mit einer solchen Sendung allerdings nicht vermittelt. In meinen Augen verwechseln Kim, Kylie, Kendall und Co. den nämlich gemeinhin mit Geld. Gleiches gilt für eine Vielzahl an Musikvideos, vornehmlich aus dem Hip-Hop-Bereich. Das Bild, das dort gezeigt wird, ist durchsetzt von Bling-Bling-Klischees und Sexismus. Zumindest in jungen Jahren besteht die Gefahr, sich von der durchgestylten, aber vollkommen stillosen Attitüde beeindrucken zu lassen.

In den Fünfzigerjahren galt James Dean als klassisches Role-Model für heranwachsende junge Männer. Alle wollten cool sein wie er. Dean war der Prototyp des Rebellen: lässige Pose, widerspenstige Haare, verletzlicher Blick. In den Sechzigern hat Aurdrey Hepburn das Frauenbild nachhaltig beeinflusst. Sie war elegant, selbstbewusst und offen. Sie machte das »Kleine Schwarze« zu einem All-time-Favorite, etablierte in der damaligen Zeit übergroße Sonnenbrillen, Handschuhe und Perlenketten. In den

Siebzigerjahren war es dann David Bowie, der nicht nur mit seiner Musik, sondern auch mit Filmen wie *Ziggy Stardust* und *Der Mann, der vom Himmel fiel* eine ganze Generation umkrempelte. Er galt als Grenzgänger, der sich ständig erneuerte. Bowie war immer offen für Innovation, hat die Grenzen von Sexualität gesprengt und mit Klischees gespielt. In den Zweitausendern veränderte *Sex and the City* vor allem den weiblichen Blick auf das Leben an sich, Beziehungen und Sexualität. Die vier unterschiedlichen Protagonistinnen boten jede Menge Raum für Identifikation. Vor allem Carrie Bradshaws ästhetisches Empfinden – beziehungsweise das der Stylistinnen Rebecca Weinberg und Patricia Field – machte sie zu einer Stilikone. Heute sind es Serien wie *Mad Men* oder *House of Cards*. Durch Streaming-Anbieter wie Netflix, Amazon Prime und Co. und die dadurch entstandene Vielzahl an Film- und Serienproduktionen hat der Einfluss einzelner Figuren auf die Stilprägung ganzer Gesellschaftsgruppen allerdings deutlich nachgelassen. Die Fülle an Eindrücken und Einflüssen aus sämtlichen Lebensbereichen macht die Entwicklung eines eigenen Stils wichtig, denn er gibt uns ein Gefühl von Sicherheit. Stil steckt einen Rahmen ab, innerhalb dessen wir uns bewegen. Zwar ist der Blick über den Tellerrand für unsere weitere Entwicklung notwendig, der Stil soll ja keinen End-, sondern ein Fixpunkt markieren. Doch haben wir ihn einmal gefunden, fällt die Fokussierung auf unsere eigene Identität leichter. Das hilft dabei, die Komplexität des Lebens zu reduzieren und uns auf das Wesentliche zu konzentrieren.

MEHR STYLE IM LIFESTYLE

Ob wir Stil haben, zeigt sich nicht nur an der Art und Weise, wie wir uns selbst definieren und mit anderen Menschen kommunizieren. Auch, wie wir den Alltag bestreiten, mit welcher Haltung wir durchs Leben gehen, verrät etwas über unser Stilempfinden. Wo wir leben und wie wir uns dort einrichten, ist ein Spiegel unserer Persönlichkeit, ebenso wie unsere Art zu reisen und unser Konsumverhalten allgemein. Können wir heute überhaupt noch stilvoll genießen, ohne dabei ökologische und ethische Fragen zu berücksichtigen? Um sich nicht im Dschungel an Informationen und Meinungen zu verlieren, ist es dringend nötig, persönliche Parameter festzulegen, nach denen wir unseren Konsum ausrichten. Worauf legen wir Wert, worauf können wir auch schon mal verzichten? Wenn wir das wissen, entsteht ein eigener Stil. Mit ihm lässt sich das Leben in vielen Bereichen vereinfachen.

Wie wollen wir wohnen?

Jeden Freitagabend, wenn ich nach einer intensiven Arbeitswoche die Tür zu meiner Wohnung aufschließe, steigt mir schon im Flur der dezente Geruch von Reinigungsmitteln in die Nase. Nicht unbedingt mein Lieblingsaroma. Gemeinhin verwende ich doch lieber einen angenehmen Raumduft für die richtige Wohlfühlatmosphäre. Freitags aber freue ich mich über den Hauch von Essig und Zitrus in der Luft, denn er bedeutet: Meine Haushaltshilfe Larissa war am Nachmittag da. Als großer Fan von Ordnung und Sauberkeit bin ich sicherlich kein einfacher Kunde, was diesen Bereich meines Lebens angeht. Daher übernehme ich viele Dinge in der Wohnung lieber selbst. Jeden Morgen direkt nach dem Aufstehen mache ich mein Bett, und auch das exakte Falten und Stapeln aller Hand- und Badetücher überlasse ich keinem anderen. Um den Rest aber kümmert sich einmal die Woche Larissa. Wenn ich also am Freitagabend durch die Wohnungstür trete, streife ich wie immer zuerst meine Sneakers ab und stelle sie zu den anderen Paaren, die zu beiden Seiten der Diele stehen. Den einen oder anderen Schuh muss ich zurechtrücken, um ihn zurück in Reih und Glied zu bringen. So gründlich Larissa auch reinigt, Wert auf Symmetrie legt sie leider nicht, ganz im Gegensatz zu mir. Auf meinem Esstisch befinden sich mehrere Fashion- und Designmagazine. Beim Verlassen der Wohnung am Morgen lagen sie noch ordentlich gestapelt im rechten Winkel an ihrem Platz. Nun herrscht an dieser Stelle ein optisches Ungleichgewicht, denn Larissa hat sie beim Reinigen der Tischplatte etwas verrückt. Ich korrigiere ihre Position, werfe noch einen kurzen Blick in die Bücherregale rechts und links, ehe ich mir an den weißen Rollos zu schaffen mache. Auch dafür habe ich ein System.

Sie müssen exakt das obere Fünftel der Fenster einnehmen, so verdecken sie den Bogen der Fensterrahmen. Für mein Wohnerlebnis ist das ein wichtiger Punkt, denn eigentlich hätte ich lieber rechteckige Fenster. Dann ordne ich die fünf roten Amaryllen in der Vase auf dem Tisch so an, dass sie im exakt gleichen Abstand zueinander stehen. Ich trete zwei Schritte zurück und betrachte mein Werk zufrieden, ehe ich mich den frisch abgestaubten Fotografien, Zeichnungen und Drucken zuwende. Ich liebe Kunst in Schwarz-Weiß und besitze inzwischen eine stattliche Sammlung, die ich mir immer wieder gerne ansehe. Die Bilder hängen in schlicht-eleganten Rahmen an den Wänden oder stehen auf eigens dafür angefertigten Regalen in der gesamten Wohnung. Vorsichtig fahre mit der Hand die Wände entlang, schiebe hier ein Bild höher, korrigiere dort eine Ecke nach unten, bis alles wieder im Lot ist. Der letzte Blick gilt meinem Sofa, auf dem ich mit ein paar geübten Griffen alle Kissen in ihre angestammte Position bringe. Erst, wenn das alles erledigt ist, gehe ich zurück in die Diele und hänge meine Jacke an die Garderobe. Endlich zu Hause. Das Wochenende kann kommen.

Dieses sich jeden Freitag wiederholende Ritual dient nicht dazu, Larissa zu kontrollieren, und soll auf keinen Fall ihre wunderbare Arbeit schmälern. Vielmehr ist die perfekte Ordnung in der Wohnung Ausdruck meiner Persönlichkeit. Sie dient mir als Fixpunkt im hektischen Alltag. Ich habe mir eine Umgebung geschaffen, die meinem Stil entspricht. Als visueller Mensch räume ich Dinge aus dem Weg, die mir den Blick verstellen und mich vom Wesentlichen ablenken. Chaos und Unordnung stören mein Denken und meine Konzentration. Der Raum, in dem ich zu Hause die meiste Zeit verbringe, ist ein Mix aus Esszimmer und Bibliothek. Jeden Morgen sitze ich dort, trinke eine Tasse Tee und lese die ersten E-Mails. Am Abend blättere ich hier noch durch ein Buch, höre Musik oder hänge meinen Gedanken nach. Ich möchte, dass jedes Objekt, jedes Buch und jedes Möbelstück in diesem Raum seinen definierten Platz hat. Auch die Abstände und Winkel, in denen die Dinge zueinander stehen oder hängen, sind mir wichtig. Leider unterliegt nicht alles in meiner Wohnung meiner Kontrolle, das eine oder andere ist dem Architekten geschuldet, der das Haus vor etwa einhundert Jahren entworfen hat. Zwar können wir uns auch ein Haus nach unseren eigenen Vorstellungen bauen, dann aber ist das Ergebnis durch unseren aktuellen Geschmack geprägt. Der kann sich ändern, und schon passt selbst die Eigenkreation nicht mehr zu unserem Lifestyle. Wir müssen immer schön flexibel bleiben. Deswegen habe ich mich auch gar nicht erst lange über den unansehnlichen Heizkörper geärgert, der bei meinem Einzug das Wohnzimmer verschandelte. Ich habe ihm einfach eine hübsche, ebenmäßige Holzverschalung verpasst, die mir gleichzeitig als Ablage dient. Jetzt ist auch dieser Raum perfekt.

Meinen Wohnstil kann man als eklektisch, also als Stilmix, bezeichnen. Alle Möbel stammen aus unterschiedlichen Zeitperioden, bestehen aus verschiedenen Materialien und Farben. Sie sind Fragmente, die ich zu einem Ganzen zusammengesetzt habe. Es kommt nicht selten vor, dass ich etwas austausche, weil es nicht mehr in mein Wohn- und Lebenskonzept passt. Wie ich selbst ist meine Wohnung permanent im Wandel. Eine Zeit lang sammelte ich zum Beispiel Comme-des-Garçons-Stühle. Als ich sie fast alle beisammen hatte, freute ich mich zwar darüber, doch diese Freude währte nicht lang. Kein Jahr später hatte ich von den Stühlen genug. Ich hatte mich an ihnen sattgesehen, also trennte ich mich davon. Noch drastischer wird es, wenn ich in eine neue Wohnung umziehe. Dann nehme ich alle gerahmten Bilder und Fotografien mit, an denen ich sehr hänge, aber nur wenige Möbel. Um diese Dinge herum richte ich mich jedes Mal neu ein. Derartige Veränderungen sind mir äußerst willkommen, denn sie bedeuten Bewegung. Für Stillstand gibt es in meinem Leben keinen Platz.

Als ich in den Achtzigerjahren nach London zog, lebte ich überwiegend in WGs oder bei Freunden. Ich zog ständig um, und jede Unterkunft wurde möbliert vermietet. Anders hätte ich mir das Leben in dieser teuren Stadt als Modestudent gar nicht leisten können. Jahre später stand in meiner ersten eigenen Wohnung in Frankreich zunächst nicht mehr als ein Bett, und ich fand es gut so. Ich wollte den Raum kennenlernen und ihn dann peu à peu mit Leben und meinem eigenen Stil füllen. Bis heute habe ich das Gefühl, ich müsse umziehen, wenn ich meine Wohnung als ›fertig‹ betrachte. Ich habe beim Einzug eine Idee der Einrichtung im Kopf, ähnlich wie bei einer Kollektion, die ich kreiere. Dann wächst alles nach und nach zusammen, und ist die Wohnung komplett, ist es für mich an der Zeit, mich weiterzuentwickeln. Ich bin in diesem Moment an einem völlig anderen Punkt in meinem Leben als noch beim Einzug. Heute möchte ich nicht mehr in eine Wohnung ziehen, die von Beginn an vollständig eingerichtet ist – wie zu Studienzeiten in London. Diese Art des Wohnens fühlt sich an, als müsse man in ein fertiges Konstrukt hineinwachsen, sich ihm anpassen. Dabei sollte es doch umgekehrt sein, meine Wohnumgebung muss sich mir beziehungsweise meiner Persönlichkeit anpassen.

Überhaupt neigen wir dazu, viel zu viele Besitztümer anzuhäufen. Über Jahre sammeln sich Unmengen an Küchengeräten, Geschirr und Besteck an, wir haben mannigfaltig Vasen und Kerzenständer im Keller sowie Klamotten im Schrank, die uns oft nicht einmal mehr passen. Ich versuche seit Jahren, das Horten unnützer Dinge zu vermeiden und fahre gut damit. Manche Gegenstände, die ich vor zehn Jahren oder auch nur vor sechs Monaten gekauft habe, passen nicht mehr zu meinem aktuellen Lifestyle. Sobald ich das feststelle, wird ein solches Teil zu einer stummen Ermahnung, wenn nicht sogar zu einer unangenehmen Erinnerung. So entsteht ganz leicht emotionaler Stress, also nichts wie weg damit. Neben der eigenen Weiterentwicklung können auch Trends unseren Sinn für Ästhetik immer mal wieder verschieben. Vor einigen Jahren noch waren sich alle einig, dass der Brutalismus als Architekturstil der Sechziger- und Siebzigerjahre an Hässlichkeit nicht zu überbieten sei. Inzwischen erleben die vermeintlichen Bausünden von einst ihr Comeback. Waschbeton in der eigenen Wohnung ist jetzt gerade irrsinnig hip. Wer sich dann aber eine Landhausküche vor die Betonwand zimmert und auch den Rest seiner edel ausgestatteten Neubauwohnung mit Design-Estrich und offenem Raumkonzept in diesem kuscheligen Stil einrichtet, hat für mein Empfinden einiges falsch gemacht. Sicher, für alles gibt es einen Platz und irgendeine Berechtigung, aber moderne Architektur mit der Nostalgie des Landhausstils zu kombinieren, ist in meinen Augen nicht sehr gelungen. In jedem echten Landhaus – oder zumindest in einem Haus in ländlicher Umgebung – lassen helle Massivholzmöbel sicher die richtige Atmosphäre entstehen. Als Wohnstil in der Großstadt finde ich Kassettentüren und verzierte Kanten aber deplatziert. Der Landhausstil täuscht eine Welt vor, die nicht existiert, und wirkt wie eine Theaterkulisse. Wir bauen uns ja auch nicht daheim einen Saloon, weil wir gerne Westernfilme schauen. Einzelne Elemente im Landhausstil kombiniert mit modernen Möbeln können dagegen durchaus Charme besitzen. Als Einzelstücke setzen die auf den ersten Blick unpassenden Objekte Akzente. Sie funktionieren dann wie ein elegantes Schmuckstück an einer ansonsten lässig gekleideten Frau.

Wie wir uns einrichten, verrät viel über uns. Im Grunde sogar mehr als alle anderen äußeren Attribute. Kleidung ist rasch gewechselt, ein neuer Look schnell übergestreift. Zumindest für einen kurzen Augenblick können wir unserem Umfeld vorgaukeln, jemand anderes zu sein. In Köln nennt man es Karneval, im Berliner KitKatClub Fetisch-Party. Die Einrichtung unserer Wohnung aber entsteht über einen längeren Zeitraum dadurch, dass wir unsere Persönlichkeit einbringen. Sie zeigt, ob wir Style haben oder nicht. Jedes Möbelstück, jede Vase, selbst die Wahl der Bettwäsche und die Farbe der Handtücher sagt etwas über uns aus. Solange wir uns nicht von einem Innenarchitekten Zeug in die eigenen vier Wände stellen lassen, das mit uns nicht das Geringste zu tun hat. Die Innenarchitektin eines Freundes beispielsweise arbeitet die Möbelmessen in Köln und Mailand ab und empfiehlt ihm anschließend die edlen Küchen, Polstermöbel und Lampen der Luxushersteller. Sie weiß, dass mein Freund Stil mit Geld verwechselt und es ihm bei der Wohnungseinrichtung gar nicht teuer genug sein kann. Also legt sie ihm ein Wohnkonzept voll Designmöbel vor, und er nickt happy, weil er sich um nichts kümmern muss. Eine auf diese Weise gestaltete Wohnung mag einen Besucher auf den ersten Blick ziemlich beeindrucken. Doch schnell fühlt sich irgendetwas seltsam an. Dieses Unwohlsein resultiert aus der Seelenlosigkeit des Raums, denn er verrät nichts über die Persönlichkeit des Bewohners. Genauso gut könnten wir uns in einer exklusiven Ferienwohnung oder in einem entsprechenden Hotel aufhalten: Zwar ist alles wahnsinnig stimmig und qualitativ hochwertig, doch es steckt kein echtes Leben drin. Für Hotels ist dieses Konzept nur logisch, denn hier sollen sich viele unterschiedliche Menschen wohlfühlen. Doch in privaten Räumen verkehrt sich dieser Vorteil zum Nachteil. Der Bewohner wird zum Gast in seiner eigenen Wohnung. Guten Innenarchitekten ist dieser Effekt bewusst. Sie berücksichtigen den Charakter ihres Kunden und beraten ihn dementsprechend.

Inzwischen ist der Zusammenhang zwischen Persönlichkeit und Wohnstil zu einem Forschungsthema geworden. Sozialpsychologen beschäftigen sich mit der Frage, welcher erste Eindruck eines Menschen anhand der Dinge entsteht, mit denen er sich umgibt. Vor allem die Einrichtung des Schlafzimmers soll dafür aussagekräftig sein. Ich könnte zum Beispiel in bunt gemusterter Bettwäsche nicht einschlafen, um zur Ruhe zu kommen, muss bei mir alles einfarbig gedeckt sein. So verrückt es klingt, aber ich träume ja schon bunt, wenn ich meine Augen öffne und dann auch noch verrückte Muster sehe, ist die Erholung passé. Weiß steht in der Farbpsychologie für das Neue, für Klarheit, für Genauigkeit und passt deshalb gut zu mir. Alle Dinge, die wir im Laufe des Lebens anhäufen, zeichnen ein Bild unserer Persönlichkeit. Schließlich wählen wir die Gegenstände in der Regel aus freien Stücken und stellen sie uns genauso freiwillig in die Wohnung. Dadurch drücken wir uns aus, zeigen, wer wir sind und was wir mögen. Marktforscher haben herausgefunden, dass Frauen beim Einrichten einer Wohnung auf die Details achten und hauptsächlich emotionale Entscheidungen treffen. Heterosexuelle Männer mögen es dagegen strukturiert und sind eher pragmatisch. Wohnen Frau und Mann zusammen, setzt sich meist die Frau durch. Sie entscheidet, was ins Haus kommt. In Paarwohnungen – ob bei hetero- oder homosexuellen Paaren – stehen immer Dinge, die nur einem von beiden etwas bedeuten. Wie wahrscheinlich ist es schon, einen Menschen kennen- und lieben zu lernen, der den eigenen Geschmack und sämtliche Vorlieben zu einhundert Prozent teilt? Ich müsste einen Mann treffen, der Symmetrie und weiße Bettwäsche mag, schwarz-weiße Bilder ebenso liebt wie ich und mit dunklen Holzböden und schummerigem Licht kein Problem hat. Möchte er dann aber auch nur ein einziges Farbfoto an die Wand hängen, haben wir schon die erste echte Beziehungskrise. Um solche Diskussionen gleich zu Beginn einer Partnerschaft zu vermeiden, plädiere ich immer erst mal für getrennte Wohnungen. Dann gilt es, den Mann langsam an das eigene Einrichtungskonzept heranzuführen und ihn so davon zu überzeugen, dass er es selbst für die beste Lösung hält. Das ist ganz simple Psychologie, ich weiß ja schließlich, dass mein Einrichtungsstil der bessere ist!

Wir Schwulen sind laut einer Umfrage in Sachen Wohnungseinrichtung ohnehin eine besondere Zielgruppe. Wir geben mehr Geld für Möbel und Dekoration aus als Heteromänner, weil wir häufig in Designerläden shoppen und auf individuelle Einzelanfertigungen setzen. Das kann ich aus meiner eigenen Erfahrung heraus durchaus bestätigen. Wir sind dem Ergebnis der Umfrage nach also ganz klar die besseren Konsumenten. Mit dem Vorurteil, alle Schwulen hätten ein Faible für Pink und Gold, räumt die Studie Gott sei Dank auf. Diese Farben kämen mir und auch niemandem, den ich näher kenne, ins Haus. Stattdessen liegen bei den Befragten dunkle Farben, klare Formen und die Kombination von Retro und Moderne vorn. Tja, offenbar entspricht mein persönlicher Stil in gewissen Punkten dem homosexuellen Durchschnitt. Jetzt bin ich mir aber auch nicht ganz sicher, ob ich das gut finden soll. Zumindest vergrößert es meine Chancen, einen passenden Partner und potenziellen Mitbewohner zu finden. Besorgniserregend ist dagegen, dass laut dieser Studie auch der Landhausstil in vielen schwulen Haushalten zuhause ist. Was soll ich dazu noch sagen?

Auch unsere Art, uns einzurichten, wurde bereits auf psychologische Muster hin untersucht. Steht ein Mann zum Beispiel auf Metall und Stahl, handelt es sich angeblich um einen zuverlässigen, aber unterkühlten Typ. Setzt er auf Kunststoff, dann mag er eher simple Lösungen und bleibt gern unverbindlich. Viel Glas signalisiert Klarheit und Transparenz. Das klingt alles nur allzu logisch und nachvollziehbar. Da stellt sich mir die Frage, warum man dafür erst forschen musste. Hätte es der gesunde Menschenverstand nicht auch getan? Bei den Untersuchungen ist jedenfalls auch herausgekommen, dass Männer mit einer Vorliebe für Farben zwar fröhlich und flexibel sind, aber auch unentschieden. Und sie sollen ein großes Aufmerksamkeitsbedürfnis haben. Vermutlich mache ich aus diesem Grund intuitiv um Männer mit bunt gemusterter Bettwäsche einen Bogen. Meine Lieblingskombination von Schwarz und Weiß wird als Zeichen für Unnahbarkeit gewertet. Doch es gibt Hoffnung, denn ich mag auch Holz, und das wiederum zeigt den Wunsch nach emotionaler Wärme. Vielleicht erkennen Sie an dieser Stelle auch sich selbst oder jemanden aus Ihrem Umfeld wieder, obwohl es sicher auch die eine oder andere Ausnahme von der Regel gibt. Unsere Einrichtung drückt in jedem Fall persönliche Vorlieben aus. Sie muss uns gefallen, damit wir uns zu Hause wohlfühlen. Wir sollten damit ein Statement setzen und nicht einfach nur den Stil schwedischer Einrichtungshäuser nachahmen.

Wie wir wohnen, nimmt auch Einfluss auf unsere Wahrnehmung, unsere Laune, unser Gemüt. Ich persönlich brauche meine Ordnung, um mich daheim gut zu fühlen, und auch die Lichtverhältnisse spielen dabei eine wichtige Rolle. Wie schon angedeutet, mag ich es stimmungsvoll. Kalte Energiesparlampen und Neonröhren kommen mir nicht ins Haus. Mit anderen Worten: Bei mir ist es die meiste Zeit recht schummerig, so fühle ich mich wohl. Beim morgendlichen Styling treibt mich das mangelnde Licht allerdings auch schon mal an den Rande des Wahnsinns. Ich trage vorzugsweise Schwarz, dementsprechend kombiniere ich jeden Tag Kleidungsstücke in verschiedenen Nuancen davon miteinander. Für die Auswahl meiner Kleidung nutze ich aus Platzgründen dann auch noch den schwarzen Holzfußboden als Ablagefläche. Mit stimmungsvoller Beleuchtung ist das – vor allem in den dunklen Wintermonaten – entsprechend schwierig. Ich drapiere dann Pullover, Shirts, Hosen und Socken, um daraus mein Outfit zusammenzustellen. Noch kann ich die unterschiedlichen Schattierungen von Schwarz erkennen, und bislang habe ich an keinem Tag das Haus in einer Kombination verlassen, die ich nicht genau so auf meinem Fußboden geplant hatte. Sollte sich das eines Tages ändern, werde ich mein Lichtkonzept wohl mal überdenken müssen.

Authentisch zu leben gelingt uns nur in einem Umfeld, das zu uns passt und das wir durch unseren Stil definieren. Beim Einrichten sollten Faktoren wie die Quadratmeterzahl der Wohnung und das Budget keine Rolle spielen. Auch das kleinste Appartement und das winzigste Zimmer lassen sich authentisch und persönlich einrichten, wenn wir unseren Stil gefunden haben. Wir sollten uns allerdings bei jedem Gegenstand fragen, warum wir ihn besitzen und ob er noch zu unserem aktuellen Leben und Denken passt. Können Sie die erste Frage nicht und die zweite mit ›Nein‹ beantworten, trennen Sie sich von dem Teil. Flohmarkt,

Online-Auktion, Sperrmüll, gelbe Tonne oder Schrottwichteln –
völlig egal. Es wird Ihnen helfen, sich selbst zu reflektieren, die
Dinge zu überdenken und Ihren persönlichen Stil zu festigen.
In Sachen Einrichtung gilt: Weniger ist mehr.

Wo wollen wir leben?

In Städten wie Berlin, Hamburg, Köln und München ist
schon lange nicht mehr genug Platz für alle, die sich dort selbst-
verwirklichen wollen oder die es aus beruflichen Gründen dorthin zieht. Haben wir Lust auf Clubs, Bars, Konzerte, Kunst und
Kultur, wollen wir logischerweise nicht auf dem Land, in einer
Kleinstadt und auch nicht bloß am Rand einer Metropole leben.
Wir möchten in die angesagten Viertel, die uns mit ihrem mannigfaltigen Nachtleben und kulturellen Einrichtungen anlocken.
Diese Orte ziehen die unterschiedlichsten Gruppen von Menschen an, die ihrerseits mit ihrem Look und ihren Interessen den
einen Stadtteil prägen. So lassen sich innerhalb einer Stadt verschiedene Strömungen erkennen, doch ist auch das permanent
im Wandel. Viertel verändern sich in regelmäßigen Abständen.
Eindrucksvoll beobachten konnte man das im Laufe der letzten
Jahrzehnte in Prenzlauer Berg in Berlin. Direkt nach der Wende
war der ehemalige Ostteil der Stadt Anlaufstelle für junge Kreative und Grenzgänger aus dem ganzen Land, die ihn zu einem der
buntesten Kieze der Stadt machten. Heute hat hier die Gentrifi-
zierung ihren Tribut gefordert. Die vielen Altbauten des Viertels
wurden edelsaniert und die Mieten entsprechend erhöht. Prenzlauer Berg ist inzwischen das größte zusammenhängende Sanie-
rungsgebiet Europas. Die jungen Kreativen sind in die Jahre ge-

kommen, haben Kinder geboren und Eigentum erworben. Sie haben inzwischen sämtliche Bars und Clubs rausgeklagt, weil sie jetzt ihre Ruhe und Kindergärten wollen. Und wo einst Künstlerkommunen lebten, befinden sich heute Biosupermärkte oder Spielplätze. Von der Avantgarde und dem einstigen Gefühl von Freiheit ist hier nichts mehr zu spüren. Doch ist das nun mal der Lauf der Dinge, und Berlin ist global gesehen nicht die erste Stadt, der es so ergeht. Es mag uns nicht immer gefallen, lässt sich aber kaum vermeiden. Auch Sie werden in Ihrer Stadt die Gegenden kennen, denen nachgesagt wird, dass dort nur ›Ökos‹ wohnen, hippe Agenturangestellte oder Familien mit kleinen Kindern. Und Studien haben gezeigt, dass wir uns wohlfühlen, wenn in unserem Viertel Abwechslung herrscht, sich Läden, Bars, öffentliche Plätze und Wohngebäude abwechseln. Wer München mag, kann Berlin womöglich nichts abgewinnen. Die Menschen ticken anders, das Lebensgefühl dieser beiden Städte ist extrem unterschiedlich. München wirkt gesetzter und aufgeräumter, Berlin ist dagegen chaotisch, laut und dreckig. Entweder man liebt es oder man hasst es. Es gibt kaum ein Gefühl dazwischen.

Warum haben Sie sich für die Stadt entschieden, in der Sie leben? Hat Sie der Job dorthin geführt, die Liebe, Freunde oder der Ort an sich? Ich hoffe in jedem Fall, dass es eine freiwillige Entscheidung war, denn für die Entwicklung unseres Styles ist es wichtig, dass wir uns in unserem Umfeld frei entfalten können. Der eine braucht dafür die Metropole mit all ihrer Hektik, ihrer Schönheit und ihrer Hässlichkeit, der andere wird in der Ruhe der Natur auf dem Land glücklicher. Ich nehme für ein Leben in Berlin gern auch die unangenehmeren Seiten in Kauf. Wie schon erwähnt den Potsdamer Platz, der zugepflastert ist mit den Logos der Modeketten und Elektronikfachmärkte. Wenn ich an der

Shoppingmall am Leipziger Platz vorbei komme, frage ich mich jedes Mal, wie die Stadtverwaltung das zulassen kann. Es ist an Hässlichkeit nicht zu überbieten. Kein Vergleich zu den Leuchtreklamen in Los Angeles, New York, Shanghai und Tokio, die blinkend und glitzernd das Flair der Metropolen transportieren. Bei uns wirken Leuchtreklamen meist deplatziert und nicht durchdacht. Das ist für mich noch lange kein Grund für einen Ortswechsel. Ich lebe in Berlin, weil es mit seiner Vielfalt und seinem Abwechslungsreichtum zu mir und meinem Style passt. In keiner anderen deutschen Stadt könnte ich mich auch nur annähernd so frei entfalten und so offen meinen Lifestyle leben.

Von Luxus und Statussymbolen

Ich reise viel und bin ständig unterwegs, entsprechend wenig Zeit verbringe ich zu Hause. Das bedeutet allerdings nicht, dass ich mich in meiner Wohnung nicht wohlfühle. Ich bin nicht etwa auf der Flucht, im Gegenteil. Ich bin auf der Suche. Meine innere Unruhe und Neugier treiben mich immer wieder nach draußen. Ständig schaue ich nach frischem Input, nach neuen Eindrücken. Die Welt bietet derartig viel, dass für mich zwei Tage daheim nur schwer zu ertragen sind. Es muss mich schon eine extrem hartnäckige Grippe niederstrecken, damit ich mal 48 Stunden lang keinen Fuß vor die Tür setze. Aber es gibt auch Momente in meinem Leben, in denen ich den Ausbruch aus dem üblichen Tagesablauf genieße und freiwillig einen Gang herunterschalte. Am Morgen aufzuwachen, ohne Termine vor der Brust und ohne zu wissen, was der Tag bringt, das ist für mich der wahre Luxus. Andere verstehen darunter eher ein ›Mehr‹ an etwas, das man sich für viel Geld kaufen kann. Edler Schmuck, ein dickes Auto – teure Produkte, die wir zwar nicht brauchen, die uns aber dabei helfen, uns besser zu fühlen. Für mich ist Luxus nichts Materielles. Das Wort meint etwas nicht Alltägliches, also ist seine Definition abhängig von unserer eigenen Perspektive und dem, was unser Leben über das Normalmaß hinaus bereichert.

Das Auto als Fortbewegungsmittel beispielsweise ist in unserer westlichen Welt längst von einem Luxus- zu einem Bedarfsgut geworden. Millionen davon verstopfen tagtäglich unsere Innenstädte und Autobahnen. Es steht für Unabhängigkeit, gibt uns ein Gefühl von Freiheit, auch wenn es in Großstädten und Ballungszentren bald mehr wie ein Gefängnis wirkt. Zwar sitzen wir warm, trocken und bequem, wenn wir im Feierabendstau stehen, aber im Stau stehen wir ja trotzdem. Steigende Benzinpreise und immer neue Umweltauflagen werden nach Expertenmeinungen das Auto weiter zurückdrängen. Wir weichen auf Alternativen wie das Fahrrad, öffentliche Verkehrsmittel und Carsharing-Angebote aus. Das eigene Auto wird immer uncooler. Heute würden viele eher auf ihren Wagen als auf ihr Smartphone verzichten. Auch ich habe mein Auto vor einer Weile abgeschafft, weil ich es in Berlin schlicht nicht brauche. Ich bewege mich gern zu Fuß durch die Straßen. Auf diese Weise erlebe und erfahre ich viel mehr, nehme die Stadt anders wahr und kann die Menschen um mich herum besser beobachten.

Für mich bedeutet ein Auto keinen Luxus, und als Statussymbol brauche ich es auch nicht. Im Berufsleben aber ist es noch immer üblich, dass der Chef den dicksten Firmenwagen fährt. Umgekehrt achten Unternehmen darauf, dass ihre Außendienstmitarbeiter Firmenwagen bekommen, die auf die Kunden nicht zu protzig wirken. Es geht dabei um Machtstrukturen, um

Hierarchien. In diesem – beruflichen – Fall mögen Statussymbole sinnvoll sein. In meiner Zeit bei Adidas bekamen einige Leute in höheren Positionen ein Firmenhandy, damals noch etwas ganz Besonderes. Führte ich Gehaltsverhandlungen mit Mitarbeitern, die keins besaßen, wollten die lieber auch ein Mobiltelefon anstatt mehr Geld. Heute kann man mit einem Smartphone niemanden mehr hinter dem Ofen hervorlocken. Maximal die Marke, für die man sich entscheidet, drückt noch eine Art Zugehörigkeit aus. So hat beispielsweise Apple vor allem unter den Kreativen einen höheren Stellenwert als seine Mitbewerber. Das aktuelle iPhone zu besitzen drückt etwas anderes aus als ein älteres Android-Gerät von Huawei oder LG. Also ich habe noch niemanden vor irgendeinem Store kampieren sehen, weil ein neues Sony-Smartphone auf den Markt kam. In meinen Augen haben Statussymbole im Privaten allerdings nichts verloren.

Ich habe einen Freund, der finanziell ausgesorgt hat. Wenn er jemanden kennenlernt und sich verliebt, neigt er leider dazu, diesem Menschen – nach dem Motto »Mein Haus! Mein Auto! Mein Pferd! Meine Yacht!« – seinen Wohlstand um die Ohren zu hauen. Wie oft habe ich ihm schon gesagt, dass er damit alles kaputt macht. Das hat einfach überhaupt keinen Stil. Wenn der andere Mensch ihn mag, dann doch hoffentlich nicht wegen des Hauses, des Autos, des Pferds, der Yacht oder der Ferienwohnung auf Ibiza. Wie will er so herausfinden, ob der Mann es ernst mit ihm meint? Er sollte ihn mit seinen inneren Werten von sich überzeugen, seiner Liebenswürdigkeit, seiner Großherzigkeit und seinem Humor, und nicht mit irgendwelchen Statussymbolen. Wenn wir uns einen Sportwagen leisten, weil wir das Fahrgefühl mögen, habe ich vollstes Verständnis dafür. In dem Fall legen wir aber nicht bei jeder Gelegenheit den Wagenschlüssel auf die Tresen und betonen, welcher Automobilhersteller uns von A nach B bringt. Wenn wir den Wagen jedoch als Statussymbol kaufen, um nach außen etwas darzustellen, das im Innern nicht existiert, wirkt das albern und ist leicht dechiffrierbar. Vom französischen Schriftsteller François de La Rochefoucauld stammt das Zitat: »Wir würden mehr gewinnen, wenn wir zeigten, wer wir sind, als wenn wir versuchen, so zu scheinen, was wir nicht sind.« Von Autos, Handtaschen und Designmöbeln hatte der Mann zwar noch keine Ahnung, er lebte Anfang des 17. Jahrhunderts. Aber wie Stil funktioniert, wusste er schon damals.

Wie wollen wir reisen?

In den letzten Jahren ist das Reisen zu einer Art neuem Statussymbol geworden. Der einst beliebte Pauschalurlaub gilt Umfragen zufolge als überholt, Europa ist in den Augen vieler touristisch abgegrast. Heute kann das Reiseziel nicht exotisch und nicht weit genug von zu Hause weg sein, wenn der dreiwöchige Jahresurlaub oder das halbjährige Sabbatical ansteht. Mit dem Rucksack durchs Amazonasgebiet, nach Malaysia oder lieber Kambodscha? Strandurlaub auf einer Mittelmeerinsel wirkt im Vergleich dazu auf manche Menschen langweilig und altbacken. Wir möchten von unseren Friends und Followern schließlich als Weltenbummler und Kosmopoliten wahrgenommen werden. Trendforschern zufolge setzt die jüngere Generation dafür auf maximales Abenteuer bei minimalem Risiko. Hauptsache, die Fotos werden gut und es gibt Wi-Fi, um sie posten zu können. Ich finde, es hätte viel mehr Style, an all diese fantastischen Orte zu reisen und es niemandem im Minutentakt online unter die Nase zu reiben. Ich habe wirklich nichts gegen Fotos von schönen Orten, auch das ist Teil der Social-Media-Kultur. Nur lässt die Häufigkeit, in der Urlaubsbilder gepostet werden, doch Rückschlüsse auf den Verlauf der Reise zu. Statt sich auf Land, Leute und Kultur einzulassen, suchen wir ständig nach dem nächsten Fotomotiv und anschließend nach einem offenen WLAN-Netz. Wie stressig ein solcher Trip sein muss. Mir geht es beim Reisen darum, mich zu entspannen, Neues zu entdecken und etwas Besonderes zu erleben. Raus aus den alten Gewohnheiten, rein ins Unbekannte. Unterwegs in fremden Ländern, abseits vom Alltag, lassen sich die eigenen Gefühle differenzierter wahrnehmen, und gerade das Unvorhersehbare macht den Reiz aus. Dafür müssen wir aber auch mal den Kopf heben und dürfen nicht alles nur über das Display unseres Smartphones betrachten. Zudem neigen wir aufgrund der mannigfaltigen Möglichkeiten des Internets dazu, uns über jedes Reiseziel vorab genauestens zu informieren. Wir lesen Reiseberichte und Hotelbewertungen, planen den Urlaub minutengenau und überlassen kein Detail dem Zufall. Für mich wäre das nichts, denn auf einer solchen Reise fühlt sich dann doch alles an, als hätte ich es schon einmal erlebt. Dabei will ich mir lieber neue Impulse verschaffen und nicht einfach die Erlebnisse anderer Menschen überstreifen. Ich möchte Länder und Städte selbst entdecken, statt vorab alles über die Erfahrungen mir fremder Personen an diesem oder jenem Ort gelesen zu haben. Wir nehmen eine Sehenswürdigkeit oder ein Naturspektakel ganz anders wahr, wenn wir zufällig darauf stoßen, als wenn wir mit einem Reisebus vorfahren und es als weiteren Programmpunkt einer durchorganisierten Tour abhaken, wie es beispielsweise viele Chinesen tun. Sie klappern Europa mit dem Bus in weniger als zwei Wochen ab, besuchen vier Städte an einem einzigen Tag.

Viel Zeit für Genuss und Muße bleibt da nicht. Fix ein Foto vom Brandenburger Tor gemacht und eilig wieder zurück in den Bus. Vom Eiffelturm in Paris zum Big Ben in London, dann weiter zum Canal Grande in Venedig. Dabei geht es nicht um das Erlebnis selbst, sondern einzig um das Foto, ein Statussymbol, das – zurück in China – stolz herumgezeigt wird. Wenn wir so weitermachen, sind wir auf dem besten Wege, es den Chinesen gleichzutun. Im Gegensatz zu ihnen, die sich Reisen nach Europa von ihrer Regierung gestatten lassen müssen und dann oftmals die organisierten Gruppenreisen bevorzugen, sind wir allerdings frei in der Gestaltung unserer Urlaube. Doch sobald wir Geld für etwas bezahlt haben, knüpfen wir konkrete Erwartungen daran. Erfüllen sich diese nicht, fühlen wir uns betrogen. Im Fokus der Urlaubsplanung steht also zu allererst der Wunsch, weder Geld noch Zeit noch die Gesundheit zu riskieren. Ich finde es sinnvoll, sich vor einem Trip in ein fremdes Land über dessen Kultur zu informieren. Eine zu perfekte Vorbereitung nimmt uns aber auch die Chance, etwas Echtes, etwas Unmittelbares, Spontanes zu erleben. Dafür müssen wir uns aus der Komfortzone herausbewegen, überraschen lassen und eine eigene Meinung bilden. Denn genau die ist wichtig für die Entwicklung eines eigenen Styles. Eine Reise lebt schließlich von den Erinnerungen, von denen wir im besten Falle noch lange zehren. Niemand unternimmt einen aufwendigen Trip nur, um den Moment zu erleben. Das Erlebte erhält erst durch sein Nachwirken Gewicht. Fotos helfen uns zwar beim Erinnern, doch können sie das sinnliche Erleben nicht abbilden. Dafür müssen wir selbst vor Ort sein. All-inclusive-Urlaube, bei denen wir drei Wochen lang das Hotelgelände nicht verlassen, zählen für mich nicht dazu. Ebenso wenig wie Kreuzfahrten, in meinen Augen eine der stillosesten Arten zu reisen. Und ich weiß, wovon ich spreche, denn ich habe mir selbst vor einigen Jahren eine Meinung dazu gebildet. Ich ließ ich mich von einem Freund zu einer sogenannten ›Gay Cruise‹ überreden. Ich weiß wirklich nicht, was mich und einige Freunde und Bekannte damals geritten hat: acht Tage lang mit viertausend anderen Schwulen auf einem amerikanischen Kreuzfahrtschiff. Ein Plattenbau voll nackter Oberkörper, der durchs Mittelmeer schippert. Es hat jedes Mal eine halbe Ewigkeit gedauert, bis ich meine Kabine gefunden hatte. Gefühlt fuhr ich über Stunden mit dem Glasaufzug im Atrium auf und ab. Ständig stieg irgendein Typ zu, der Dinge sagte wie: »You look fantastic«, oder gleich: »I love you.« Selbst bei viertausend Menschen an Bord triffst du überraschenderweise immer wieder dieselben. Schlussendlich war die gesamte Veranstaltung an Peinlichkeit nicht zu überbieten. An einigen Orten auf dem Schiff herrschte ein striktes Rauchverbot. Weil wir uns nicht derartig gängeln lassen wollten, rauchten wir trotzdem, wann immer und wo immer uns danach war. Leider übersahen wir dabei die Überwachungskameras, die man offenbar auch im hinterletzten Winkel des Schiffs montiert hatte, um die Gäste immer im Blick zu haben. Am Ende kassierten wir vom Kapitän höchstpersönlich eine Abmahnung. Wer weiß, was passiert wäre, hätten sie uns noch einmal erwischt. Vermutlich hätte uns die Crew vor den Augen der anderen Gäste – um ein Exempel zu statuieren – in einem Kostüm der obligatorischen Bord-Drag-Queen über die Planke gehen lassen. Die Landgänge dagegen waren ganz nett, aber bei weitem nicht ausreichend, um so interessante Orte wie Neapel und Santorin richtig kennenzulernen. Wie Sie sich denken können, werde ich in diesem Leben kein Kreuzfahrtschiff mehr betreten – ob zur ›Gay Cruise‹ oder einer regulären Kreuzfahrt. Viel unselbstständiger kann man meines Erachtens nicht reisen. Seine

Selbstbestimmung derartig aufzugeben ist für mich das Gegenteil von Style. Sicher gibt es viele Menschen, denen es Entspannung bringt, sich zwei Wochen lang mal um nichts Gedanken machen, sich um nichts kümmern zu müssen. Vermutlich ist das eine Typfrage. Ich kann diesem Konzept nichts abgewinnen. Möchten Sie Orte wie Neapel und Santorin besuchen, empfehle ich Ihnen individuell geplante Kurztrips dorthin. Das ist sicherlich die stilvollere Art zu reisen. Ich selbst fliege schon mein halbes Leben immer wieder gern nach Ibiza, um dort mit Freunden eine gute Zeit zu verbringen. Wenn ich mal ein längeres Wochenende ohne Termindruck vor mir habe und weiß, dass ein paar Freunde gerade auf Ibiza sind, buche ich auch schon mal spontan einen Flug dorthin. Drei Stunden später sitzen wir gemeinsam in einem Restaurant oder einer Bar im Hafen von Ibiza-Stadt, am Las Salinas oder einem der vielen anderen tollen Orte der Insel. Ausschließlich nach Ibiza zu fliegen käme mir allerdings nicht in den Sinn. Es gibt viele Menschen, die Jahr für Jahr an denselben Ort reisen, um dort ihren Jahresurlaub zu verbringen. Meine Neugier aber zwingt mich zu maximaler Abwechslung. Ich möchte in meinem Leben so viele Städte und Länder wie möglich kennenlernen, denn auch sie sind für mich eine Quelle der Inspiration und Kreativität.

Zeig mir, was du isst …

Social Media beeinflusst nicht nur die Art, wie wir uns auf Reisen verhalten. Laut Soziologen hat es auch unsere Essgewohnheiten verändert. Seit dem Start von Instagram sind die Hashtags »Foodporn« und »Foodlove« echte Dauerbrenner. Die Trendforschung spricht von einem Zeitgeistphänomen und einer neuen Form der Individualität, denn nicht nur professionelle Foodblogger, sondern auch immer mehr Privatpersonen zeigen gern, was bei ihnen auf den Tisch kommt. Hier ein überdimensionierter Superburger, dort eine Vegan Bowl mit Avocado, da ein Granola mit Açaíjoghurt – wir definieren uns und unseren Lifestyle auch über das, was wir essen. Dabei sind Bildkomposition und Farbgebung meist wichtiger als der Geschmack, der sich über ein Foto ja ohnehin nicht vermitteln lässt. Vor kurzem habe ich gelesen, dass wir ein Essen als schmackhafter empfinden, wenn wir es vorher fotografiert haben. Die Auseinandersetzung mit dem Gericht als Fotomotiv steigert angeblich den Appetit und die Vorfreude darauf. Für mein Empfinden eine eher fragwürdige Entwicklung. Oft sitze ich im Restaurant und beobachte, wie die Leute an den Nachbartischen erst mal ihr Smartphone zücken, sobald der Kellner die Bestellung bringt. Egal, welcher Ernährungsphilosophie wir folgen, jedes Essen – vom Wiener Schnitzel bis zum grünen Smoothie – dient der Selbstinszenierung und muss gepostet werden. Essen und Trinken haben mit Musik und Mode als Ausdruck der eigenen Individualität und des Styles gleichgezogen. Wir tragen durch die Art der Ernährung unsere Werte und Vorlieben in die Öffentlichkeit. Früher saß man dafür noch an großen Tafeln zusammen, heute ersetzen Instagram und Facebook das Gemeinschaftsgefühl. Das klingt irgendwie traurig und einsam. Mir ist es immer noch lieber, mit Freunden zum Essen zusammenzusitzen, als das Zeug vor mir auf dem Teller mit meinen Followern zu teilen. Gute Gespräche erhöhen für mich den Genuss weit mehr, als die fotografische Auseinandersetzung mit meinem Essen. Das Ganze hat allerdings auch einen positiven Effekt. Dadurch setzen wir uns als Konsumenten kritischer damit auseinander, was wir essen und wo dieses Essen herkommt.

Tierschutzorganisationen rütteln uns Fleischkonsumenten immer wieder mit heimlich gedrehten Videos aus der Massentierhaltung auf und führen uns schonungslos vor Augen, wohin unreflektierter Konsum führen kann. Beinahe täglich laufen Reportagen über die Qualität unserer Nahrungsmittel, über Zusätze, Düngemittel und falsche Bioware. Und für jede Philosophie findet sich inzwischen eine Gegenphilosophie, komplett richtig machen kann man es offenbar nie. Wer von uns ist schon in der Lage, sein Gemüse selbst anpflanzen und nebenbei noch ein paar Hühner, Kühe und Schweine halten zu können? Ich schätze, das sind die wenigsten. Und selbst die aktuelle Superfood-Bewegung hat ihre Schattenseiten. Ein schönes Beispiel dafür ist die Avocado. Gehyped als supergesunde Frucht, die alles enthält, was wir brauchen, gibt es sie inzwischen an jeder Ecke – auf getoastetem Brot, in der Gemüsebowl, als Guacamole, Pesto und im Salat. Nur leider führt die exorbitant gestiegene Nachfrage im größten Anbauland Mexiko dazu, dass jedes Jahr Tausende Hektar Wald illegal abgeholzt werden, um Platz für Avocadofelder zu schaffen, die dann Millionen von Litern Wasser verbrauchen. Diese Information habe ich noch unter keinem Instagram-Post mit dem Hashtag #avocado gelesen. Die einzige Chance, die uns angesichts der Vielzahl unterschiedlicher Informationen bleibt, ist die, eine eigene Haltung zu den Themen zu entwickeln und Vor- und Nachteile für uns abzuwägen. Haben Sie einen Ernährungsstil gefunden, der Ihnen guttut und hinter dem Sie stehen können? Wissen Sie, was Sie für sich kategorisch ausschließen? Diese Erkenntnis macht Ihnen zumindest schon mal die Entscheidung vor den Supermarktregalen etwas leichter.

»Der Mensch ist, was er isst« – dessen war sich der Philosoph Ludwig Feuerbach im 19. Jahrhundert sicher, und auch die aktuelle Forschung stützt seine These. Sie teilt uns in unterschiedliche Ernährungstypen ein. Stress- oder Frustesser, Gesund- oder Zweckesser, Gourmet oder Bioesser? Es gibt sie alle, nur der Genießer ist offenbar ein Auslaufmodell, denn Genuss braucht Zeit, und die nehmen wir uns immer seltener. Doch ist sie ein wichtiger Faktor für einen gesunden Lifestyle, denn er sorgt für Entschleunigung und reduziert Stress. Und davon haben wir in unserer schnelllebigen Zeit wahrlich genug. Es muss ja nicht zwingend ein Sechs-Gänge-Menü im Sterne-Restaurant sein. Genuss ist wie Stil keine Frage des Geldes. Mich kann auch eine Scheibe ofenwarmes Brot mit etwas Butter, Salz und Schnittlauch glücklich machen. Dinge genießen zu können und wertzuschätzen, das hat Style. Sich einfach irgendetwas in den Mund zu schieben, um den Hunger zu stillen, dagegen nicht. Auch Healthfood-Junkies, die nicht müde werden, ihren elitären Ernährungsstil als Nonplusultra anzupreisen, reihen sich für mich bei den Stillosen ein. Niemand sollte andere Menschen hinsichtlich ihrer Ernährung missionieren wollen, genauso wenig wie in Sachen Religion oder Weltanschauung. Style hat, wer sich bewusst für eine Ernährungsform entscheidet und sich danach richtet, ohne anderen permanent seine Sicht der Dinge als einzig wahre Lösung aufs Auge drücken zu wollen. Das gilt für Fleischesser ebenso wie für Vegetarier, Veganer, Fruktarier, Flexitarier und was es sonst noch alles so gibt.

Beim Essen unterliegen wir allerdings ein Stück weit auch immer unserem limbischen System, dem Teil des Gehirns, der für Wünsche, Triebe und Gefühle zuständig ist. Ein großer Teil unseres Essverhaltens wird von dieser unbewussten Region bestimmt, da kann die Vernunft noch so laut protestieren. Wir wissen natürlich, dass eine Tafel Schokolade viel Fett und Zucker enthält, trotzdem hilft sie uns gelegentlich aus einem Stimmungs-tief heraus. Wir wollen uns belohnen oder trösten, das gelingt am einfachsten mit Nahrung, denn der Genuss ist unmittelbar. Was wir als Belohnung oder Trost empfinden, ist durch unsere Er-ziehung, aber auch durch die Kultur geprägt, in der wir leben. Genauso sind auch unsere Nahrungsgewohnheiten kulturell ge-prägt. In einigen asiatischen Ländern werden Hunde, Katzen und Insekten verspeist, etwas, das hier bei uns wenig Anklang findet. Mit einer gegrillten Kakerlake oder gekochten Känguru-hoden könnte man mich jedenfalls jagen, eine Belohnung wäre das ganz sicher nicht! Die Kollegen vom Dschungelcamp sehen das nach Tagen mit Reis und Bohnen vielleicht anders, aber ich bleibe lieber bei Schokolade. Zu Weihnachten essen wir Lebku-chen und Christstollen, und ein Glas Wein zum Essen erhöht den Genuss. Aber auch das Auge isst mit. Angeblich schmeckt ein dunkles Stück Torte intensiver, wenn es auf einem schwarzen Tel-ler serviert wird. Ein heller Kuchen kommt uns auf einem weißen Teller leckerer vor. Und selbst das Ohr kann das Bewusstsein beim Essen beeinflussen. In den Niederlanden hat man im Rahmen einer Studie festgestellt, dass laute Hintergrundgeräusche ein Ge-richt weniger intensiv schmecken lassen. Und klassische Musik animiert die Gäste in einem Restaurant dazu, mehr und teurere Dinge zu verzehren, als wenn Popmusik läuft. Mich wundert es, dass offenbar nur wenige Gastronomen davon wissen. Das Gehirn trickst uns also ein ums andere Mal ganz schön aus. Nimmt man all das zusammen, wird klar, wie wichtig es ist, einen eigenen Stil zu finden, um sich nicht irreführen zu lassen. Die Aufgabe von Lebensmitteln besteht ja erst mal darin, uns zu sättigen und Ener-gie zu liefern. Uns schick anzuziehen und ein Restaurant zu be-suchen, das tun wir für den Genuss. Dadurch wird aus der bloßen

Nahrungsaufnahme ein sinnliches, besonderes Erlebnis. Natürlich nur, sofern das Restaurant mitspielt und neben einer guten Küche und feinen Weinen für eine angenehme Atmosphäre sorgt. Genauso kann ein Streetfood-Market Atmosphäre und Style haben. Am Ende geht es doch immer um Selbstbestimmung. Esse ich einen Burger oder ein Steak, dann bei vollem Bewusstsein und selektiv. Bei mir kommt nicht jeden Tag Fleisch auf den Tisch oder – wie früher bei den Eltern – Aufschnitt aufs Brot. Lieber esse ich tagelang kein Fleisch, um mir dann bei passender Gelegenheit ein besonderes Stück zu gönnen und es ohne schlechtes Gewissen zu genießen. Essen ist zu einem Teil unserer Lebenskultur geworden, und den sollten wir entsprechend zelebrieren. Aus diesem Grund verstehe ich auch den Delivery-Hype nicht. Für mein Dafürhalten geht es dabei um die reine Aufnahme von Nahrung. Für Menschen, die das Haus aus irgendeinem Grund nicht verlassen können, ist das sicher eine gute Sache, aber mir fehlt dabei das Erlebnis, der soziale Austausch, der Genuss. Stilvolles Essen ist das in meinen Augen nicht. Lebensmittel bei einer Supermarktkette zu bestellen und selbst zu kochen, ist etwas anderes. Ich habe immer genug frische Zutaten zu Hause, um vier bis fünf unterschiedliche Gerichte kochen zu können. Dann ist es mir aber auch wichtig, das Ergebnis nicht auf dem Sofa sitzend in mich hineinzuschaufeln, sondern es mit Stil zu verzehren. Am Tisch, mit schönem Geschirr und Besteck, passender Musik und einem Glas Wein dazu. Und natürlich am liebsten in netter Gesellschaft. Kochen ist für mich eine durch und durch sinnliche Angelegenheit, also sollte es das Essen ebenfalls sein.

Bei der Ernährung auf Nachhaltigkeit zu achten ist nicht immer einfach und vor allem eine Frage des Geldes. Ein Einkauf im Biosupermarkt schlägt naturgemäß mit mehr Euro zu

Buche als der Einkauf beim Discounter. Zudem schließt das Thema Nachhaltigkeit unter anderem auch den Kauf von Kleidung und Kosmetik mit ein. Mir selbst gelingt es ehrlich gesagt nicht immer, alle Parameter nachhaltigen Konsums zu beachten. Ich habe Cremes, die ich seit Jahren benutze und auf die ich nicht verzichten möchte. Nicht immer hinterfrage ich jeden Inhaltsstoff oder kenne die Methoden, mit denen die Unternehmen ihre Produkte herstellen. Je mehr wir uns informieren und die negativen Folgen unseres Verhaltens erkennen, desto mehr geraten wir in einen emotionalen Zwiespalt, der zu einem Gefühl der Überforderung führen kann. Um dem etwas entgegenzusetzen, sollten wir unseren eigenen Stil finden und nach ihm leben. Wir sollten bereit sein, Kompromisse einzugehen – mit der Umwelt, aber auch mit uns selbst. Ständig extrem hart mit uns ins Gericht zu gehen macht uns über kurz oder lang unfrei. So wird aus Selbstbestimmung Selbstkasteiung, weil wir alles richtig machen wollen und dabei die Freude an den Dingen verlieren.

Ausgehen mit Stil und Style

Schaue ich mich im Berliner Nachtleben oder auf kulturellen Events um, scheint vielen der Spaß an der Mode bereits verloren gegangen zu sein. Meines Erachtens ist auch hier dringend wieder mehr Style nötig. Ich finde es schade, dass sich anscheinend kaum noch jemand Gedanken über sein Outfit macht, ehe er vor die Tür tritt. Ob im Club, der Oper, dem Theater oder im Restaurant, die meisten Leute in Berlin sehen aus, als seien sie erst kurz vorher aus dem Bett gekrochen. Offenbar ist es besonders schick, sich nicht mehr schick zu machen. Ich befürchte, es geht dabei nicht darum, Zeit zu sparen. Die Leute verbringen trotzdem Stunden vor dem Spiegel, um ihren Clochard-Look zu perfektionieren. Es ist eine Antihaltung, die ich nicht verstehe. In den Achtzigern habe ich wahnsinnig viel Aufwand betrieben, um ein besonderes Outfit für eine Partynacht zu kreieren. Ich hatte den Schrank voller Kleidungsstücke, die ich nur zum Ausgehen trug. Das ist bei mir zwar heute nicht mehr so extrem, aber wenn ich etwas Besonderes vorhabe, ziehe ich ganz sicher nicht die nächstbeste Jogginghose an, die eigentlich in die Wäsche gehört. Ich schätze, die elektronische Musik und das durch sie veränderte Ausgehverhalten sind an dieser Entwicklung nicht ganz unschuldig. Als die Partygänger Anfang der Neunziger anfingen, von Freitag bis Montag um die Häuser zu ziehen, hat auch das sorgfältige Stylen nachgelassen. Der Aufwand und die Kosten wären zu hoch gewesen, um sich an drei oder vier Abenden hintereinander immer wieder ein neues, abgefahrenes Outfit zusammenzustellen. Auf einmal ging es um Bequemlichkeit. Wohl auch deshalb rückten Sneakers immer weiter in den Mittelpunkt des Nachtlebens. Inzwischen kann man sie ohne Probleme auch zu einem Theaterbesuch anziehen. Das finde ich super, denn ich mag Sneakers und trage nur selten mal etwas anderes. Doch gibt es hier riesige Unterschiede – von Designer-Sneakers bis zu ganz einfachen Turnschuhen. Die einen haben Style, die anderen weniger, und es wechselt mit der Mode. Um das zu erkennen, bedarf es etwas Fingerspitzengefühl. Ich fände einen feststehenden Dresscode für gewisse Veranstaltungen dennoch gut. Im Theater oder in der Oper würde er endlich wieder für ein bisschen mehr Glamour und Style sorgen. Vielen Leuten ist es heute aber offenbar wichtiger, sich für Instagram in Szene zu setzen, als auf einer Veranstaltung selbst zu glänzen oder es einfach mal nur zu genießen. Da wird auch schon mal die Eröffnung einer Toilette zum Selfie-Spot. Ja, Sie haben richtig gelesen, einer Toilette. Die Berliner Hutdesignerin Fiona Bennett hat das Klo im Varieté-Theater Wintergarten in Charlottenburg neu entworfen. Zu dessen Opening schmiss man eine Party mit dem Titel »The First Flush«, zu der auch viele Influencer eingeladen wurden. Alle haben sie fleißig gepostet, was ganz im Sinne des Geschäftsführers gewesen sein dürfte. Schattenmalereien an den Wänden, blaue Mosaiksteine überall, opulente Verzierungen, Klavierlack und Waschbecken aus Bronze. Da wird ein Klo eben zum *hottest shit on earth*, um bei der Toilettenterminologie zu bleiben. Die Instagrammer haben sich gegenseitig dabei fotografiert, wie sie sich die Hände wuschen. Wenigstens nur das. Sich beim Toilettengang zu filmen, hätte im Grunde aber auch nicht weniger Stil gehabt.

Beim Kulturkonsum ist stilloses Verhalten leider immer weiter verbreitet, das reicht von den Poserbildern mit Literflaschen Vodka im Club bis hin zum besinnungslosen Besäufnis auf Vernissagen. Menschen, die nur auf Konzerte gehen, um Fotos und Videos von dem Event zu posten, gehören für mich in dieselbe Kategorie. Anstatt sich die Musiker auf der Bühne live anzuschauen, die sich für ihre Fans im besten Falle die Seele aus dem Leib spielen, glotzen sie gute eineinhalb Stunden lang auf das Display ihres Mobiltelefons. Hinterher haben sie unzählige miese Aufnahmen eines tollen Konzerts und schmerzende Arme. Zudem sind sie mir und Hunderten anderen echten Musikfans mit ihrem Verhalten auf die Nerven gefallen. Und das alles für ein paar Likes? Nein, Style hat das nicht. Schon Platon fand, der Schein sei immer mangelhaft und nur das Sein vollkommen. Da ist auch heute noch viel Wahres dran. Vollständig voneinander zu trennen sind Schein und Sein allerdings nicht. Wir posten

Fotos, die uns so zeigen, wie wir uns selbst gern sehen. Wie viel das mit der Realität zu tun hat, bleibt unseren Followern verborgen, weil sie uns im echten Leben oft gar nicht kennen. Dabei ist Stil doch vor allem eine Frage von Authentizität.

Wohnen Sie an dem Ort, an dem Sie leben wollen und sich frei fühlen? Spiegelt Ihre Wohnung Ihre Identität wider, und verhalten Sie sich als Konsument auf eine Weise, mit der Sie sich körperlich gut fühlen und die Sie auch ethisch für vertretbar halten? Wenn Sie diese Fragen mit ›Ja‹ beantworten können, freue ich mich für Sie. Es ist nicht leicht, sich in der Flut von Möglichkeiten, Angeboten und Philosophien für den persönlich richtigen Weg zu entscheiden. Unser Leben ist immer in Bewegung, es fordert uns Reflexion und eine eigene Meinung ab – nur damit können wir unseren persönlichen Style finden.

WIE AUS FASHION STYLE WIRD

Wenn wir über Style reden, besteht die größte Gefahr darin, ihn mit Mode zu verwechseln. Dabei ist die Schnittmenge zwischen den beiden überraschend gering. Was wir tragen, welchem modischen Trend wir folgen, ist erst mal nur eine äußere Hülle. Sie kleidet uns, sagt aber wenig über unsere Persönlichkeit aus. Ein Designeroutfit aus einer aktuellen Kollektion allein verleiht uns noch keinen Style. Es kann aber einer von vielen Faktoren sein, die uns an unser Ziel der Stilsicherheit führen. Wir leben im Überfluss, das Grundbedürfnis nach Kleidung ist gesättigt. Doch Hand aufs Herz, die meisten von uns haben mehr als eine warme Winterjacke und zwei Jeans im Schrank. Der Grund dafür ist Fashion. Sie liefert uns permanent Kaufanreize, denen wir uns nur schwer entziehen können. Wir haben heute die Möglichkeit, in den Shops aus einer Vielzahl angesagter Kleidungsstücke zu wählen. Fehlt uns beim Tragen eine innere Haltung, sehen wir darin jedoch nicht stylish, sondern peinlich aus.

Modeopfer oder Stilikone?

Stellen wir uns zur Veranschaulichung einen Mann namens Klaus vor, der jeden Morgen auf unserem Weg zur Arbeit mit Kippe in der Hand am Bahnsteig steht. Wir alle haben gerade ein Bild unseres ganz eigenen Klaus‹ vor unserem inneren Auge. Klaus trägt vielleicht eine speckige Jacke aus Ballonseide, eine fleckige Jogginghose und weiße Tennissocken in ausgelatschten Lederschuhen. Er hat in etwa die Ausstrahlung einer Raufasertapete. Charmant ergänzt wird sein Anblick durch die Angewohnheiten, ungeniert in der Nase zu bohren und auf den Boden zu spucken. Einen solchen Mann würden niemand als stylish bezeichnen. Eines Tages beschließt Klaus, sich in einem Designerstore neu einzukleiden. Er kauft sich eine coole Basecap, eine trendige Sweatjacke, Chinos und angesagte Sneakers. Am nächsten Morgen steht Klaus wieder am Bahnsteig. Noch immer raucht er Kette, bohrt in der Nase und spuckt auf den Boden, nur trägt er dabei jetzt ein modernes Outfit. Bescheinigen wir Klaus nun aufgrund seiner veränderten Hülle mehr Style? Oder ist er nicht immer noch der Prolet von gestern, gekleidet in Klamotten, die nicht zu ihm passen? Er ist dann ein sogenanntes Fashion Victim.

Doch es gibt auch Menschen, die sich von Haus aus nicht um Fashion Codes scheren, sondern ihr eigenes Ding durchziehen. Sie haben sich – bewusst oder unbewusst – entschieden, das Modediktat zu ignorieren. Vielleicht trägt so jemand ausschließlich maßgeschneiderte Tweedanzüge im Stil der britischen Arbeiterklasse der Zwanzigerjahre mit Weste, Hosenträgern und Schiebermütze. Oder er kauft seine Sachen in Secondhand-Läden und bevorzugt von Kopf bis Fuß Originalteile aus den Fünfzigern. Diese Menschen können weitaus mehr Style besitzen als jemand in einer neuen Designergarderobe. Mode ist nur eine Verpackung, deren Halbwertzeit sehr kurz ist. Zwar dient eine unmodische Jacke demselben Zweck wie eine, die alle angesagten Fashion-Kriterien in Form, Farbe und Material erfüllt. Beide schützen uns vor Kälte. Doch verleiht uns eine modische Jacke mehr Selbstbewusstsein, wenn wir mit ihr unsere Persönlichkeit unterstreichen. Das gibt uns ein gutes Gefühl. Die positiven Emotionen, die Fashion in uns auslöst, verleihen ihr Relevanz.

Soziologen legen den Begriff ›Mode‹ so fest: Wird ein Kleidungsstil von vielen Menschen zur gleichen Zeit getragen, ist er modisch. Ein einzelner Mensch kann zwar als Innovator, als *Opinion Leader* gelten, zur Mode wird der von ihm getragene Look jedoch erst, wenn es viele Nachahmer gibt. Das klingt logisch, doch wer sind diese *Opinion Leader*? Es sind Menschen, deren Einfluss so groß ist, dass andere ihre Meinungen und Empfehlungen berücksichtigen. Innerhalb ihrer Community haben sie den Status eines Meinungsmachers. Was sie sagen, wird gehört und geschätzt. Sie gelten als Experten auf ihrem Gebiet. Um den Exkurs in die Soziologie fortzuführen: Das nach dem herausgebenden Meinungsinstitut benannte Sinus-Modell liefert ein Bild der soziokulturellen Vielfalt unserer Gesellschaft. Die Wissenschaftler vom Sinus-Institut messen uns dafür an unseren Werten, Lebenszielen, Lebensstilen und Einstellungen. Ein *Opinion Leader* ist innerhalb dieses Modells am ehesten bei den Expeditiven zu finden, deren Bezeichnung sich vom Wort ›Expedition‹ ableitet. Sie sind Entdeckungsreisende und bilden die ambitionierte, kreative Avantgarde. Expeditive sind mit knapp acht Prozent ein überschaubarer Teil der deutschen Gesamtbevölkerung, und nicht alle von ihnen sind automatisch *Opinion Leader*. Die Forscher beschreiben die Expeditiven als »transnationale Trendsetter, mental, kulturell und geografisch mobil, online und offline vernetzt, non-konformistisch, auf der Suche nach neuen Grenzen und neuen Lösungen«. Es sind urbane, kosmopolitische Typen zwischen elegant und extravagant. Sie ziehen internationale Modeblogs zurate und spielen wie beiläufig mit unterschiedlichsten Stilen. Die *Opinion Leader* unter ihnen aber informieren sich nicht nur gut, sie sind die Informationsquelle selbst. Sie unterhalten ihre eigenen Blogs und beeinflussen mit ihrer Meinung das, was den ihnen folgenden Menschen gefällt. Sie sind das, was wir heute ebenfalls unter der Bezeichnung Influencer kennen. Sie kommunizieren mit den ihn folgenden Early Adoptern auf Augenhöhe und nehmen so beispielsweise auch Einfluss auf das Image einer Marke.

Zudem spielt die Zeit in der Soziologie eine entscheidende Rolle, wenn sie Mode definiert. Was sich nur einen kurzen Zeitraum hält, um dann von etwas Neuem abgelöst zu werden, ist modisch. Diese Zeiträume haben sich im Laufe der vergangenen Jahrzehnte eklatant verkürzt, die modische Wertigkeit eines Kleidungsstücks ist heute stark begrenzt. Eben noch angesagt, morgen schon ein alter Hut. Innerhalb einer Saison kommen unterschiedliche Kollektionen in die Shops, übers Jahr verteilt können es je nach Modekette bis zu 24 sein. Das passt zu unseren Lebensumständen, die Welt dreht sich gefühlt immer schneller. Hinter jeder Ecke lauert die Langeweile, wir sind getrieben von dem Wunsch nach Erneuerung. Der Informationsfluss durch Internet, Magazine, Musik, Film und Fernsehen hat unsere Sucht nach Innovationen und immer neuen Looks erhöht und unser Kaufverhalten beeinflusst. Zusätzlich haben große Unternehmen die Mode demokratisiert, sie allen Menschen zugänglich gemacht. Wollte man früher modisch mitmischen, war das nur in einem gehobenen Preissegment möglich. Heute stelle ich als Designer meine Kollektion bei einer der großen Fashion Weeks in Berlin, New York, Mailand oder Paris vor und der Konsument kann sich online direkt darüber informieren und darauf reagieren. Das wissen auch die großen Modeketten, und so hängen schon nach kürzester Zeit günstige Kopien meiner Entwürfe in deren Stores. Immer wieder optimierte Produktionsprozesse ermöglichen ihnen eine extrem schnelle Reaktion. Doch der Designer ist nach wie vor derjenige mit den Ideen. Er ist der, der seine Eindrücke und Inspirationen in die Mode einfließen lässt. Viele von uns kooperieren deswegen heute immer wieder direkt mit großen Modeketten und erreichen dadurch eine breitere Zielgruppe.

Fast Fashion vs. Haute Couture

Als ich aufs Gymnasium ging, habe ich monatelang mein Taschengeld gehortet, um mir davon bei einer Ferienreise mit meinen Eltern nach Italien im Fiorucci-Flagship-Store etwas kaufen zu können. Neben Benetton war Fiorucci damals meine absolute Lieblingsmarke. Was ich mir dafür zulegte, spottet rückblickend jeder Beschreibung. Ich entschied mich für einen schreiend grünen Trenchcoat aus Nylon mit einem knallblauen Fiorucci-Schriftzug auf dem Rücken. Ein Wendemantel und somit zwei Kleidungsstücke in einem. Er war im Ausverkauf und um 70 Prozent reduziert. Wenn ich heute darüber nachdenke, wundert mich das nicht. Damals konnte ich mein Glück kaum fassen, dabei wurde ich vor allem Opfer eines häufigen Denkfehlers. Im direkten Vergleich zum Ursprungspreis schien der Mantel ein Schnäppchen zu sein. Bezogen darauf, wie wenig ich ihn am Ende trug, war er das sicher nicht. Dass mir sein Schnitt nicht stand und die

Farbgebung – selbst für meine Verhältnisse – gewagt war, ignorierte ich problemlos. Im Grunde spielte das aber auch keine Rolle. Das Sparen für diesen einen Moment hat sich trotzdem gelohnt. Denkfehler hin oder her, ich würde es immer wieder tun – wenn ich wieder Teenager wäre.

Auch in meiner Anfangszeit in London aß ich wochenlang nur Baked Beans aus der Dose, um mir von dem gesparten Geld ein Jackett von Jean Paul Gaultier zuzulegen. Vorher lief ich mindestens fünf Mal in den Store und baute eine Art Beziehung zu dem Kleidungsstück auf. Abends im Bett stellte ich mir vor, wie ich es kombinieren und zu welchem Anlass ich es tragen würde. Die ganze Zeit habe ich gehofft und gewartet, dass das Jackett in den Ausverkauf kommt. Als ich es endlich mein eigen nennen durfte, war ich aufgeregt wie ein Kind an Weihnachten. Und es war so schön, wie ich es mir ausgemalt habe und hat mich lang begleitet. Den Ausverkauf gab es seinerzeit ürbigens nur zwei Mal im Jahr – bei solchen Sätzen kommt man sich immer richtig alt vor. Fashion Addicts wie ich strichen sich jedes Jahr die Termine von Winter- und Sommerschlussverkauf rot im Kalender an. Endlich bestand die Chance, ein Kleidungsstück zu ergattern, das man sich zum Normalpreis niemals hätte leisten können. Heute ist gefühlt das gesamte Jahr über Ausverkauf. Inflationär prangt an jeder Ecke in Neonschrift *SALE* an den Scheiben der Stores. Das kommt der Entwicklung entgegen, dass die meisten Menschen heute viel konsumieren und zu günstigen Preisen jeden Trend mitmachen wollen. Wöchentlich schleppen sie Synthetikklamotten in braunen Papiertüten aus den Shops der Modeketten nachhause. Mit Style hat das nichts zu tun. Stylish wäre es, für die zur Verfügung stehenden Mittel weniger, aber dafür hochwertigere Dinge zu kaufen und sie länger zu tragen. Zeitlose Teile können mit modernen Stücken und Accessoires ergänzt werden, um den Konsum insgesamt zu reduzieren.

Als Designer habe ich mich entschieden, mit Atelier Michalsky auf Haute Couture zu setzen. Sie ist der radikale Gegenentwurf zur Fast Fashion, der immer schneller wechselnden Alltagsmode. Die kreative Aussage der Entwürfe ist spitzer, sie ist langlebiger und aus diesem Grund von größerer Bedeutung. Dabei geht es nicht nur um den Konsum von Mode, Haute Couture bietet uns ein anderes Erlebnis und dadurch eine wertigere Form der Befriedigung. Für ein Haute-Couture-Kleid beispielsweise misst der Designer Ihren Körper aus, der passende Stoff wird ausgewählt und eine Farbe ausgesucht, die zu Ihnen passt. Etwas später kommen Sie noch mal zu ihm, damit er das Kleid erneut anpassen kann. Am Ende ist es auf Ihren Körper zugeschnitten. Der Designer hat es für Sie hergestellt, niemand sonst besitzt es in dieser Form. So etwas trägt man mit einem anderen Bewusstsein. Und man trägt es wesentlich länger als die Klamotten, die zur Mitnahme bereit an der Stange im Kaufhaus hängen. Ein Unikat erfährt immer eine höhere Wertschätzung als ein Stück Alltagsmode. Der Look eines Haute-Couture-Teils kann radikal oder klassisch sein, in jedem Fall ist er einzigartig. Für mich als Designer bedeutet Haute Couture, dass ich meine kreative Vision hemmungslos umsetzen kann. Ich bin ungebundener als bei der Kreation einer kompletten Kollektion. Dort gibt es viele Parameter, die ich beachten muss, wie Stückzahlen und Herstellungskosten. Haute Couture macht sich frei davon. Ich kann mich austoben, muss keinen Gedanken daran verschwenden, ob mein Entwurf auch in höherer Stückzahl produziert werden kann und ob ich damit den Geschmack potenzieller Käufer treffe.

Wie viel Geld wir für Kleidung ausgeben, spielt keine Rolle, solange sie zu uns passt und unsere Persönlichkeit unterstreicht. Wer Style hat, der erkennt, welche Bausteine er aus den vielen verschiedenen Kollektionen für sich selbst zusammentragen muss, um das zu erreichen. Ich persönlich fokussiere mich auf eine Farbe, einen Schnitt oder bestimmte Materialien – alles ist möglich. Provoziert mein Look keinerlei Reaktion, habe ich womöglich etwas falsch gemacht. Dann lohnt es sich, das eigene Erscheinungsbild zu reflektieren und zu überdenken. Vielleicht kann ich schon mit wenigen Mitteln etwas verändern, um ein deutlicheres Statement zu setzen. Ob mein Gegenüber mich und meine Message wahrnimmt, hängt allerdings auch von seinem eigenen Stilempfinden ab. Existiert der Mond, wenn niemand hinsieht? Diese Frage ist philosophisch und wissenschaftlich schon viel diskutiert worden und lässt sich auf das Thema Style übertragen: Habe ich Stil, wenn es niemanden gibt, der in der Lage ist, das zu erkennen beziehungsweise richtig einzuschätzen?

In der Schulzeit legte ich großen Wert auf die Reaktionen meiner Mitschüler, sie waren meine ersten Rezipienten. Ich habe wahnsinnig viel experimentiert. Heute schlage ich angesichts mancher Outfits aus dieser Zeit die Hände über dem Kopf zusammen. Einmal trug ich ein weißes Jackett meines Vaters, in dem ich fast ertrank. Ich kombinierte es mit einem freakigen Shirt samt überdimensionierter Brosche, stonewashed Karottenjeans und Dr.-Martens-Boots. Nichts davon passte auf den ersten Blick zusammen, doch genau das machte den Look einzigartig. Bei den meisten Mitschülern stieß ich auf Unverständnis, bei den coolen Kids aber kam mein eigenwilliger Style super an. Auch – oder vor allem – weil ich ihn mit dem nötigen Selbstbewusstsein trug. Ich hob mich auf originelle Art von den anderen ab. Das war mir schon zu Schulzeiten wichtig und ist es heute noch. Denn ohne Stilempfinden ist die Wahrscheinlichkeit groß, dem Ruf der Masse zu folgen. Dieses Verhalten ist evolutionsbedingt. In der Steinzeit war es durchaus sinnvoll, sich in Gefahrensituationen auf die Einschätzung der Stammesoberhäupter zu verlassen und ihnen und den anderen Mitgliedern der Gruppe zu folgen, ehe uns der Säbelzahntiger einholte. Heute überlagert der Gruppendruck oft den gesunden Menschenverstand. Wir kaufen uns eine Jeans, weil alle sie tragen. Ob sie uns steht, spielt keine Rolle. Sich im 21. Jahrhundert in Modefragen immer nur nach anderen zu richten, ist fatal und wird durch einen eigenen Style überflüssig.

Ich habe lange in England gelebt, dort sind Schuluniformen die Regel. Der Plan dahinter, soziale Unterschiede unsichtbar werden zu lassen, geht nicht auf. Hat eine Familie Geld, erkennt man das daran, dass Sohn oder Tochter mehrere Schuluniformen besitzt und jeden Tag wie aus dem Ei gepellt aussieht. Die Kids ärmerer Familien treten stattdessen in den runtergerockten Uniformen ihrer älteren Geschwister an. Das Konzept der Überwindung sozialer Grenzen durch eine Uniform funktioniert nicht. Außerdem ist diese Form der Gleichmacherei für die Kreativität von Kindern und Jugendlichen nicht förderlich. Doch auch dort gibt es Schüler, die ihre Uniformen customizen, die Röcke kürzen, die Blusen abschneiden oder mit zusätzlichen Accessoires versehen, um sich von ihren Mitschülern abzuheben. Ein Beleg dafür, dass sich der Drang nach Individualität nicht durch Regeln von außen unterbinden lässt.

Karl's Style

Mich haben Neugier und Experimentierfreude zu dem Menschen gemacht, der ich jetzt bin. Nie habe ich mich einer Szene oder Strömung untergeordnet, sondern mich Elementen aus allen Jugend- und Subkulturen bedient und sie miteinander kombiniert. Dabei hat das Lesen von Modezeitschriften eine große Rolle gespielt. Es gab ja noch kein Internet. In einer Kleinstadt wie Bad Oldesloe erforderte es ein hohes Maß an Neugier und Einfallsreichtum, um an Magazine wie *Face* und *I-D* zu kommen. Es setzte voraus, dass ich von diesen Titeln schon gehört hatte, und ich pflegte einen Draht zum Zeitschriftenhändler, der die Ausgaben extra für mich bestellen musste. Wenn sie in Bad Oldesloe ankamen, waren sie in London oder New York schon seit drei oder vier Wochen auf dem Markt. Ich habe mich trotzdem jedes Mal wie ein Kind gefreut, wenn ich nach einer längeren Fahrt mit dem Rad bei Wind und Wetter die Hefte im Laden abholen konnte. Diese frühe, intensive Auseinandersetzung mit Stil und Mode hat mir an der Schule einen besonderen Status eingebracht, eine Einzigartigkeit.

Der entscheidende Anstoß für meinen Wunsch, Modedesigner zu werden, war Karl Lagerfeld. In den Siebzigern und Achtzigern hatten meine Eltern den *Stern* abonniert. Jeden Donnerstag, wenn ich aus der Schule kam, lag die neue Ausgabe auf unserem Wohnzimmertisch. Dann schlang ich eilig mein Mittagessen hinunter und zog mich anschließend sofort in mein Zimmer zurück. Stundenlang arbeitete ich das Heft von vorne bis hinten durch. Damals konnte ich den Lehrern an keinem einzigen Freitag meine erledigten Hausaufgaben präsentieren. Zu sehr war ich mit dem Stöbern und Lesen des Magazins beschäftigt gewesen. In einer Ausgabe fand ich einen Artikel über Lagerfeld, geschrieben von der renommierten Journalistin Wibke Bruhns. Es handelte sich um eine Fotoreportage über die Entstehung einer Chloé-Kollektion. Lagerfeld arbeitete dort bis 1983 als Chefdesigner, ehe er im Streit das Unternehmen verließ und gut eine Dekade später wieder dorthin zurückkehrte. Anfang der Achtziger inspirierte ihn der Surrealismus. Überall setzte er Pailletten ein oder formte Ohrringe wie Wasserhähne. Auf den Fotos zum Artikel sah man Lagerfeld mit den Models bei der Vorbereitung einer Fashion Show, bei den Anproben und bei der Party danach. Sein exzentrischer Stil faszinierte mich, wie auch sein Beruf im Allgemeinen. Den ganzen Tag durfte er sich mit Mode beschäftigen und bekam auch noch Geld dafür. Ich konnte es kaum glauben. Von diesem Moment an war Karl Lagerfeld mein größtes Vorbild.

Jahre später war ich selbst Chefdesigner und gerade auf der Suche nach etwas Außergewöhnlichem für eine Adidas-Originals-Kampagne. Da kam mir der Gedanke, dass Karl Lagerfeld das Ganze fotografieren könnte, denn seit 1987 arbeitet er immer wieder auch als Fotograf. Vor allem aber kannte man ihn seit fast vier Jahrzehnten als Designer großer Luxusmarken. Lagerfeld als Fotografen für ein Streetlabel zu gewinnen, wäre ein toller Bruch, dachte ich. Und mir gefiel die Idee, dass ein Mann von 65 Jahren Bilder für eine vierzig Jahre jüngere Zielgruppe schießt. Ich hatte Karl schon ein paar Mal bei verschiedenen Fashion Shows getroffen, also fragte ich ihn persönlich, ob er es machen würde. Er fand meine Idee toll und sagte sofort zu. Bis dahin hatte er immer nur für Labels fotografiert, in die er auch als Designer involviert war.

Mitte November 2004 flog ich für das Shooting der »Celebrate Originality«-Kampagne zu ihm nach Paris. Wir verbrachten zwei Tage in seinem Studio in der Rue de Lille. Karl fotografierte die Models auf Trampolinen und in Schwarz-Weiß, darunter Brad Kroenig, eins von Karls bevorzugten Male Models, sowie Caroline Winberg, Iselin Steiro und Din Yates. Wir haben in diesen Tagen sehr viel gearbeitet, aber auch viel geredet. Irgendwann sagte ich zu ihm, dass wir zwei einiges gemeinsam hätten. Er stammt aus Bad Bramstedt, ich komme aus Bad Oldesloe, beides sind kleine Provinznester in Schleswig-Holstein. Ihn zog es früh nach Paris, um Modedesigner zu werden, ich wechselte aus demselben Grund nach London. Ich sagte ihm auch, dass ich vor allem seinetwegen diesen Job gewählt hätte. Dass der Artikel über ihn im *Stern* schon früh der Auslöser für meinen Berufswunsch war. Karl reagierte erfreut:»Mensch, das finde ich aber toll. Und soll ich dir was sagen? Auch ich bin nur Designer geworden, weil ich einen Artikel über Jacques Fath, den großen französischen Couturier, gelesen habe.«

Ich habe im Laufe meines Lebens immer wieder mal Leute getroffen, von denen ich ein bestimmtes Bild im Kopf hatte, geformt von den Medien oder Erzählungen anderer. Einige dieser Begegnungen verliefen erfreulich, andere enttäuschend. Karl Lagerfeld aber war so viel herzlicher, als ich ihn mir vorgestellt hatte. In der Mittagspause statteten wir seinem Bookshop 7L in der Nähe des Studios einen Besuch ab. Mit diesem Laden hat sich Karl einen Traum erfüllt, denn er ist ein Vielleser, wie er selbst sagt. Im 7L gibt es unzählige Bände über Fotografie, Design, Kunst und Architektur. »Kennst du dieses Buch? Nein? Dann schenke ich es dir. Und dieses? Auch nicht? Schenke ich dir. Kennst du das Buch hier? Nicht? Nimm das auch mit.« So ging das eine Weile. Am Ende hatte mir Karl rund fünfzig Bücher und dazu den gesamten Nachdruck der ersten *Interview*-Magazine geschenkt. Und das nur, um mir eine Freude zu machen. So habe ich ihn an all den Tagen erlebt. Während des Shootings zum Beispiel fehlte uns Schmuck fürs Styling. Da ging er kurzerhand heim und kam mit einem prall gefüllten Wäschebeutel irgendeines Luxushotels zurück, den er über dem Tisch ausleerte. Unmengen an Chrome-Hearts-Schmuck aus seinem Privatbesitz ergossen sich vor uns auf der Tischplatte. »Da ist doch sicher etwas Passendes dabei, oder?«

Karl Lagerfeld ist einer der beeindruckendsten Menschen, die ich im Laufe meiner Karriere getroffen habe. Und er ist die kontrollierteste Person, die ich kenne. Sein Leben und Wirken folgt einer Menge Regeln und Ritualen. Zum Beispiel schläft er jede Nacht genau sieben Stunden, egal, wann er zu Bett geht. Jeden Morgen liest er exakt zwanzig Zeitungen. Er kleidet sich mit System, und seit Jahrzehnten hat ihn niemand ohne seine Sonnenbrille gesehen. Auch in den Tagen unseres gemeinsamen Projekts hat er sie nicht ein einziges Mal abgesetzt. Maximal schob er sie ein winziges Stück nach oben, um durch den Sucher seiner Kamera zu schauen. Aber es dauert nur einen kurzen Moment, ehe sie wieder auf seiner Nase saß. Karl trinkt täglich mehrere Dosen Diätcola. Während unseres Shootings begleitete ihn ein Butler, der ihm das Getränk in einem Bleikristallpokal hinterhertrug. Es mag widersprüchlich klingen, dass jemand wie Lagerfeld trotz der vielen selbst auferlegten Regularien kreativ arbeitet. Doch kann ein derartig gefestigter Stil Freiräume für gestalterische und produktive Prozesse schaffen. Auch mir fällt es leichter, kreativ zu sein, wenn gewisse Parameter der Aufgabe – ein Motto, ein Briefing – vorab klar formuliert sind. Und von meiner Ordnungsliebe habe ich ja bereits berichtet. Sicher gibt es Freigeister, die am besten ohne solche Grenzen funktionieren. Vielen Menschen aber gibt eine klare Linie Sicherheit und Stabilität. Für mich persönlich ist sie ein selbst gesteckter Rahmen, innerhalb dessen ich mich bewege und ausdrücke. Ähnlich war es auch beim verstorbenen Apple-Gründer Steve Jobs. Er hatte früh entschieden, nur noch eine bestimmte Jeans und schwarze Rollkragenpullover zu tragen. Über Mode machte er sich von da an keine Gedanken mehr. So hatte er den Kopf frei für all die kreativen Prozesse, die der Job als Chef eines der innovativsten Technologiekonzerne der Welt mit sich bringt. Karl Lagerfeld macht es ähnlich, wenn auch jobbedingt auf eine spannendere Art und Weise. Wäre er aber nur irgendein Rentner aus der Provinz und nicht der Modeguru schlechthin, sein Äußeres käme uns grotesk vor. Das ist ein schönes Beispiel dafür, dass Style die Summe vieler einzelner Teile ist und nicht allein eine Frage der Kleidung. Es ist das Gesamtpaket, das zählt.

London love

Die Modebranche galt schon immer als Sammelbecken individueller, unangepasster Menschen. Ich wollte unbedingt Teil dieses toleranten Mikrokosmos werden und bewarb mich Ende der Achtziger am London College of Fashion, einer der renommiertesten Modeschulen weltweit. In den Achtzigern galt London als Mekka für Fashion Addicts, als modischer Nabel der Welt. Es gab nichts Inspirierendes für mich, als mit offenen Augen durch die Straßen der Stadt zu laufen. Oxford Street, Regent Street, Carnaby Street, Camden Town, Covent Garden, Piccadilly Circus. Alles dort hat mich und meinen Lebensstil geprägt. All die Bands, die ich mochte und deren Style ich liebte, lebten in London. Ich glaubte anfänglich, die Mitglieder von Spandau Ballet, Duran Duran und Depeche Mode würden sich privat genauso expressiv wie auf der Bühne kleiden. Also habe ich das adaptiert und mir jeden Tag beim Styling die allergrößte Mühe gegeben. Ich wollte die Aufmerksamkeit der Clubtürsteher gewinnen. Hatten sie einen als originell und stylish auf dem Schirm, musste man nie wieder in der Schlange vor der Tür auf Einlass warten. Einmal ging ich für ein solches Outfit in einen Store von Lonsdale in irgendeiner dunklen Seitengasse. In diesem Shop verkauften sie Bekleidung für Profi- und Amateurboxer, entsprechend sahen auch die Verkäufer aus. Einen Freak wie mich hatten sie in ihrem Laden noch nie gesehen. Während ich mich nach etwas Passendem umsah, konnte ich die Fragezeichen in ihren schmalen Augen über den plattgedrückten Nasen deutlich spüren. Schließlich entschied ich mich für eine Hose aus Samt in der Farbe Bordeaux, die mir bis zu den Knien reichte und die sonst nur im Ring getragen wurde. Ich kombinierte sie mit langen weißen Sportsocken und schwarzen Schuhen. Diesen Look ergänzte ich durch ein weißes T-Shirt, eine bis zur Taille selbst gekürzte Jeansjacke und einen Gürtel von Jean Paul Gaultier. Er perfektionierte das Outfit, denn mit seiner vorn angebrachten Metallplatte imitierte er einen Preiskampfgürtel. In diesen Klamotten marschierte ich selbstbewusst zum Club. Dort gelang es mir tatsächlich, die Türsteher allein durch meinen Anblick zu überzeugen. Sie winkten mich sofort durch, als sie mich sahen. Von diesem Tag an stand ich jeden Abend auf ihrer Gästeliste.

In solchen Nächten lief ich gelegentlich einem der Musiker über den Weg, die ich verehrte. Bis auf den immer extravagant gekleideten Boy George blieben sie ihrem Stil im Privaten zwar treu, waren von ihren Bühnenoutfits jedoch meilenweit entfernt. Aber sie mussten ja auch niemandem mehr etwas beweisen.

Man kannte sie. Ich dagegen war neu in der Stadt. Für mich war es wichtig, mich von der ohnehin schon bunten Masse abzuheben und meinen Style selbstbewusst zur Schau zu tragen. Das hat mir buchstäblich Tür und Tor geöffnet. Das Taboo war einer dieser Clubs, in denen alle Stars der Mode- und Musikszene herumhingen. An diesem Ort fühlte ich mich angekommen, endlich unter Gleichgesinnten. Dort interessierte es niemanden, ob man als Mann einen Rock trug oder auf irgendeine andere Weise exzentrisch war. Auch mein Schwulsein war in diesen Kreisen nichts Besonderes. Viele Bands spielten mit schwulen Klischees, ohne selbst homosexuell zu sein. Das hat die Entdeckung meiner eigenen Sexualität, mit der ich noch am Anfang stand, enorm erleichtert. Ich mag den Stil der Briten bis heute, ihren Humor, ihre Sprache und ihren Hang zum Exzentrischen. Alles, was ich in meiner Zeit in London sah und erlebte, hat mich nachhaltig geprägt und ist Grundlage vieler meiner beruflichen Ideen.

Mode. Message. Marke.

Für meine Fashion Shows wähle ich mit meinem Team immer ein aktuelles Motto mit zeitlicher Begrenzung. Mal ist alles hell und positiv, dann düster und aggressiv. 2010 beispielsweise stand meine *StyleNite* unter dem Motto »Endangered Species«, also ›bedrohte Arten‹, weil ich es schlimm finde, dass einige Tiere – wie der iberische Fuchs – schon bald ausgestorben sein werden. Ein Jahr später lief die Show unter dem Titel »Tolerance« – als Gegenentwurf zu Angela Merkels damals getroffener Aussage, Multikulti habe versagt. Und 2013 griff ich mit »Sweet Freedom Berlin« das Thema Freiheit auf und reagierte damit auf die aktuellen Geschehnisse in Ägypten, der Türkei und die Internetüberwachung durch die NSA. Bei »Electric Hedonism« ging es 2017 um unsere hedonistische Einstellung zur Digitalisierung und den sozialen Medien, die ich befürworte. Ich möchte auf diese Weise keine Meinungen vorgeben, sondern die Leute zum Nachdenken anregen. So auch 2006, als ich in New York eine Fashion Show für die Adidas-Linie Y-3 umsetzte und sie unter das Motto »Die Vögel« von Alfred Hitchcock stellte. Es war meine letzte Kollektion für Y-3, ich wollte ein Exempel statuieren. Die Art, wie ich das tat, hätte dann aber beinahe eine mittelschwere berufliche Katastrophe ausgelöst.

Wir mieteten für das Event die Webster Hall, eine der berühmtesten Konzerthallen New Yorks mit einer dieser typischen Anzeigentafeln über dem Eingang. Auf ihr präsentierten wir das Label, die Kollektion und das Motto der Show. Für Y-3-Kopf Yohji Yamamoto gab es seinerzeit dreizehn verschiedene Schwarztöne. Basic Schwarz, trauriges Schwarz, freundliches Schwarz, blaues Schwarz, gelbes Schwarz, rotes Schwarz. Für Außenstehende sahen sie alle aus wie Schwarz. Für die Kollektion bedeutete das eine Menge Schwarz. Passend dazu kreierte ich die Show. Wir bauten eine Art Filmset, in dem unzählige schwarze Bäume herumstanden, die wie Trauerweiden aussahen. Man sollte als Gast das Gefühl haben, in der Kulisse eines Hitchcock-Films zu sitzen. Die Äste der Bäume überragten die Gänge, auf diesen Ästen saßen pechschwarze Kunstvögel. Die Bühne überzogen wir mit schwarzem Glitzer. Die Models sollten hinter beschrifteten Milchglasscheiben hervortreten, einmal über die Bühne laufen und wieder hinter den Milchglasscheiben verschwinden – musikalisch untermalt von dem Song »Isreal« von Souxsie and the Banshees. Die Gästeliste für den Abend las sich phänomenal. Viele wichtige

211

Modejournalisten hatten sich angekündigt, darunter auch eine der einflussreichsten und härtesten Kritikerinnen der Welt. Ihr Urteil kann einen Designer international berühmt machen oder ihn vernichten.

Ich kümmerte mich backstage um die letzten Vorbereitungen, als im Foyer der Webster Hall die Hölle losbrach. Irgendetwas lief dort eindeutig schief. Ich eilte nach vorn, wo sich mir das Drama so darstellte: Die superwichtige Modekritikerin weigerte sich vehement, den Gang zu ihrem Platz entlangzugehen. Der Weg führte vorbei an den eigens für diesen Tag designten Bäumen, deren herunterhängenden Ästen und den darauf sitzenden Fake-Krähen. Ein düsteres Szenario, das wir durch eingespielte Vogelstimmen akustisch untermalten und verstärkten. Womit ich nicht gerechnet hatte: Diese Modekritikerin litt unter einer extremen Art der Vogelphobie. Völlig hysterisch schrie sie und schlug um sich. Eine der mächtigsten Frauen der Modewelt weigerte sich, auch nur einen Fuß in diesen Gang zu setzen, litt unter Schüttelkrämpfen und Weinanfällen. Schlimmer kann es für einen Designer an solch einem Abend kaum laufen. Nur mit allergrößter Mühe und viel gutem Zureden konnten wir sie ein wenig beruhigen und von der anderen Seite zu ihrem Platz führen. Heute weiß ich nicht einmal mehr, was sie im Anschluss über die Kollektion geschrieben hat. Der Abend aber ist für immer in meine Erinnerung eingebrannt.

Ein guter Designer greift in der Regel Soziostimmungen und aktuelle Strömungen innerhalb der Gesellschaft auf und weist den Betrachter mit seiner Mode darauf hin. Kauft ein *Opinion Leader* seine Klamotten, kauft er die Message gleich mit. Er weiß genau, welcher Designer hinter einer Marke steht und was dessen Aussage ist. Das gilt zumindest für die großen Labels. Bei anderen lernt man die Gesichter dahinter gar nicht erst kennen. Auch der dem Opinion Leader folgende Early Adopter ist an der Story eines Labels interessiert und identifiziert sich mit ihr und der Marke. Bei den Late Adoptern nimmt das Interesse schon deutlich ab. Beim sogenannten *Mass Market* bleibt am Ende nur noch der Konsum übrig – ohne Interesse an einer Message und vor allem ohne Stil. Habe ich meinen Style gefunden, ist es eine emotionale Entscheidung, welches Label zu mir passt. Das kann genauso ein exklusiver Maßschneider sein wie ein hippes Designerlabel. Aber auch der Verstand fließt in trifft diese Entscheidung mit ein und schließt Labels oder Looks aus rationalen Gründen aus. Hintergrundwissen über eine Marke kann mir deren Tragen unmöglich machen, wenn sie in der Vergangenheit zum Beispiel durch unfaire Herstellungsmethoden in die Schlagzeilen geraten ist. Dank der sozialen Medien kommt die Wahrheit über ein Unternehmen heute schnell ans Licht. Geht es mit seinen Angestellten nicht gut um oder hat sonst eine nicht vertretbare Firmenphilosophie, werden seine Produkte nicht mehr gekauft. So geschehen beim einstigen Kultlabel American Apparel. Es geriet zum einen in die Kritik, weil es mit blutjungen, fast kindlichen Models in verführerischen Posen warb, was nicht bei allen Konsumenten gut ankam. Zudem soll Firmengründer Dov Charney einigen sehr jungen Mitarbeiterinnen zu nahe gekommen sein. Als er dann noch vor einer Journalistin masturbierte, hatte auch der letzte American-Apparel-Anhänger genug. Die Umsätze brachen ein, das Unternehmen musste Insolvenz anmelden. Die Marke ist inzwischen von einem anderen großen Textilunternehmen aufgekauft worden. Durch einen Führungswechsel – hier haben jetzt Frauen das Sagen – und angepasstere Werbekampagnen will man wieder auf die Beine kommen. Umgekehrt kann ein Label, das zum Beispiel fair und ökologisch produziert, durch das Internet zum neuen Liebling der Szene avancieren. Etwas, das eine normale Werbekampagne in dem Maße nicht leisten kann. Alles, was das Label dafür tun muss, ist eine gute Geschichte zu erzählen und unter Umständen seine Sachen nicht überall und nicht an jeden zu verkaufen. Schon ist das Interesse vieler Konsumenten geweckt.

Denn auch Verknüpfungen und Erinnerungen sind für den Kauf eines Kleidungsstücks entscheidend. Trägt ein Mensch oder eine Personengruppe, die ich nicht mag, bevorzugt eine Marke, verzichte ich beinahe automatisch darauf. Das britische Label Fred Perry galt zum Beispiel lange als verpönt. Nach den Mods haben die frühen, noch unpolitischen Skinheads gern Fred Perry getragen, ehe sich Anfang der Siebziger einige von ihnen rechtsradikalen Organisationen wie der britischen National Front anschlossen. An ihr orientierte sich auch die deutsche Neonazi-Szene. Die Marke mit dem Lorbeerkranz-Logo übernahmen auch die hiesigen Neonazis gleich mit. Fred-Perry-Polohemden gehörten von Beginn an zu deren klassischem Outfit, ebenso wie Jeans, Springerstiefel und Bomberjacke. Für das Image der Marke war das überaus schädlich, zumal auch die Medien sie immer wieder mit der Szene in Verbindung brachte. Die Ironie an der Geschichte ist, dass die rechten Skins ausgerechnet ein Label vereinnahmten, dessen Namensgeber Jude war. Fred Perry gewann Mitte der 30er-Jahre drei Mal in Folge Wimbledon. Er war der erste Tennis-Champion, der aus der Arbeiterklasse stammte. Dem Unternehmen selbst half diese Vorgeschichte leider nichts. Die ›normalen‹ Kunden blieben aus, 1994 ging das Label pleite. Dank neuem Eigentümer und gezielter Imagekampagnen ist es Fred Perry inzwischen allerdings gelungen, sich deutlich von der Neonazi-Szene zu distanzieren.

Heute kann man an Marken vielleicht erkennen, wie viel Geld jemand für seine Kleidung ausgibt, nicht aber, welcher politischen Gesinnung er folgt. Bomberjacken und Dr. Martens findet man in jedem zweiten Kleiderschrank und nicht mehr nur bei Mitgliedern der rechten oder linken Szene. Die einst nach Jugendkulturen getrennten Kleidungsstile der Mods, Rockabillys, Hippies, Punks, Popper und Skinheads sind über die Jahrzehnte vielfach wieder aufgegriffen und neu zusammengesetzt worden. Diesen Revivals fehlt jegliche politische Motivation, es geht ausschließlich um Optik. Auch spielen Erinnerungen an jene Zeiten, in denen ein Kleidungsstück erstmals in Mode kam, bei dessen Wiederkehr kaum noch eine Rolle. In meiner Zeit bei Adidas Originals habe ich zum Beispiel Sneakers aus dem Archiv in neuen Farbvariationen auf den Markt gebracht. Dazu lieferten wir die passende Story über den Schuh in einem Booklet mit. Wir erzählten, wie jemand in diesem Schuh eine Goldmedaille gewann oder welcher berühmte Sportler dieses Modell bevorzugt trug. So etwas mag noch die älteren Generationen ansprechen. Wenn ein Kultschuh wie zum Beispiel der Nike Air Force 1 sein 35-jähriges Jubiläum feiert, interessiert die jungen Konsumenten die Vorgeschichte nur marginal. Sie kaufen den Sneaker, weil er zu ihrem aktuellen Lebensgefühl und ihrem Stil passt. In den USA galt der Air Force 1 direkt nach seinem Release 1982 als wichtiges Kleidungsstück der Hip-Hop-Kultur, wurde also vor allem von der schwarzen Community getragen. Wer es sich leisten konnte, dem diente der Air Force 1 als Statussymbol. Sie trugen ihn nur ein einziges Mal, verschenkten ihn dann und kauften sich ein neues Paar. Putzen kam nicht infrage. Heute ist der Nike Air Force 1 einer der meistverkauften Schuhe aller Zeiten und schon lange im Mainstream angekommen. Er passt zum Trend des weißen Sneakers, der sich nun schon ungewöhnlich lange hält, modisch gesehen also ein echtes Phänomen ist. Auf ihn können sich alle einigen, deswegen ist er aus dem Stadtbild kaum noch wegzudenken. Womöglich liegt es an seiner Einfachheit und Klarheit, sie durchbrechen die komplexen Vorgänge des Modebusiness. Er nimmt uns die Entscheidung der Farbe ab und funktioniert emotional wie ein unbeschriebenes Blatt Papier. Die Marke spielt kaum eine Rolle, das weiße Logo verschwindet auf dem weißen Untergrund. Zur individuellen Profilierung dient er allerdings nicht, dafür ist er viel zu weit verbreitet.

Marken, Logos und Symbole prägen sich für eine lange Zeit ein und drücken immer eine Art Zugehörigkeit aus. Die Bedeutsamkeit von Labels und deren Messages zeigt sich in dem wiederkehrenden Trend großer Logo-Prints. Deren Tragen ist ein Zeichen der Identifikation mit dem Image der Marke. Ihre Träger definieren sich darüber. Manch einer mag das als protzig empfinden. Eine niederländische Studie aber hat gezeigt, dass Menschen, die das Logo eines Premiumlabels sichtbar tragen, anders wahrgenommen werden. Man legte den Teilnehmern der Studie Fotos von Bewerbern in teurer Markenkleidung mit Logos vor sowie Bilder, auf denen man diese Logos wegretuschiert hatte. Dieselben Menschen, dieselbe Kleidung, einmal mit, einmal ohne Logos. Die Teilnehmer schätzten die Personen mit Branding als wohlhabender ein. Das ist noch nicht überraschend. Allerdings wirkten in dem Test die Jobbewerber qualifizierter, die gut sichtbar das Logo eines Designerlabels trugen. Der Leiterin der Studie gelang es, im gebrandeten Designerpulli mehr Passanten auf der Straße zur Teilnahme zu überreden als labellos. Ein Logo kann also bewusst eingesetzt werden, um ein Ziel zu erreichen. Wir können es aber auch als eine Art Antistyle verwenden. *Opinion Leader* bevorzugen Marken und Logos, von denen die meisten anderen noch nie etwas gehört haben. Sie distanzieren sich durch deren Einsatz vom Mainstream und legen ihren Fokus auf Individualität und Authentizität. Sie wollen auf keinen Fall in einer konformen Gruppe untergehen.

Um Konformität zu vermeiden, ist es notwendig, sich zu informieren, sich Hintergrundwissen zu einem Label anzueignen und seine Kaufentscheidung mit Bedacht zu tätigen. Wer auf die großen Player im Modebusiness setzt, die die Fußgängerzonen und Shoppingmalls mit riesigen Stores und überdimensionierten Logos verstopfen, der geht in der Masse unter. Wer sich von Werbung beeinflussen lässt, ohne einen Gedanken an das zu verschwenden, was er da kauft, hat keine Chance auf einen eigenen Style. Auch in dem Fall ist Wissen der Garant für ein Äußeres, das zur inneren Haltung passt. Mode unterstreicht im besten Fall unsere Persönlichkeit. Uns Stil verleihen kann sie dagegen nicht. Er ist die Summe aus Persönlichkeit, innerer Haltung und den dazu passenden äußeren Attributen. Wenn wir unseren Style gefunden haben, schützt er uns zwar nicht vor Fehlern, aber er erlaubt uns, unser Leben auf sinnvolle Weise zu vereinfachen.

EPILOG

.

Wissen Sie was? Es ist nie zu spät, seinen eigenen Style zu finden und weiterzuentwickeln. Lassen Sie sich inspirieren und seien Sie offen für neue Erfahrungen. Sie werden es ganz sicher nicht bereuen. Perfektion ist nicht das Ziel und ohnehin unerreichbar. Die Meinung anderer Leute ist genau das – nur eine Meinung. Freuen Sie sich an Ihren Fehlern, wenn Sie sie nicht ändern wollen. Seien Sie und bleiben Sie vor allem eins: authentisch. Ein liebenswerter, sympathischer, neugieriger und toleranter Mensch. Jemand mit eigener Meinung. Das hat schon (fast) genug Style.

Mein Freund und meine Ikone, Karl, lebt seinen Stil bis ins kleinste Detail. Aber vor allem kann er eins sehr gut. Karl kann über sich selbst lachen. Denn er mag sich selbst. Das ist schön. Also, wenn Sie sich morgen früh oder heute Nacht selbst im Spiegel begegnen, lächeln Sie. Freuen Sie sich über die Person, die Sie dort ansieht. It's just your life. Nicht mehr, aber vor allem auch nicht weniger.

Stay well!
Michael

Mehr über Michael Michalsky
und seine Arbeit finden Sie hier

www.michalsky.com
www.michalsky.tv

Und auf Instagram
#michalskyofficial, #michael.michalsky

Edel Books
Ein Verlag der Edel Germany GmbH

Copyright © 2018 Edel Germany GmbH,
Neumühlen 17, 22763 Hamburg
www.edel.com
1. Auflage 2018

Projektkoordination: Gianna Slomka
Covermotiv: © Alexander Gnädinger
Autorenporträt: © MICHALSKY
Layout und Umschlaggestaltung: Groothuis.
Gesellschaft der Ideen und Passionen mbH | www.groothuis.de
Druck und Bindung: optimal media GmbH
Glienholzweg 7, 17207 Röbel/Müritz

Printed in Germany

ISBN 978-3-8419-0605-2